Um novo Despertar

Um novo Despertar

Psicografia de
Maria Nazareth Dória

Pelo espírito
Helena

LÚMEN
EDITORIAL

Um Novo Despertar
pelo espírito Helena
psicografia de Maria Nazareth Dória

Copyright * 2004 by
Lúmen Editorial Ltda.

2ª edição – abril de 2009
Direção editorial: Celso Maiellari
Revisão: Valeska Perez Sarti
Capa e Projeto Gráfico: SGuerra Design
Assistente de Arte: Renata Tiemi Owa
Fotolitos de Capa: Megagrafics
Impressão e acabamento: Yangraf Gráfica

Dados Internacionais de Catalogação na Publicação (CIP)
(Câmara Brasileira do Livro, SP, Brasil)

Helena (Espírito).
 Um novo despertar / pelo espírito de Helena;
psicografado por Maria Nazareth Dória. --
São Paulo: Lúmen, 2004.

 1. Espiritismo 2. Psicografia 3. Romance
brasileiro. Dória, Maria Nazareth. II. Título.

04-1863   CDD-133.93

Índices para catálogo sistemático:
1. Romance mediúnico psicografado: Espiritismo 133.93

LÚMEN
EDITORIAL

Rua Javari, 668
São Paulo - SP
CEP 03112-100
Tel/Fax (0xx11) 3207-1353
visite nosso site: www.lumeneditorial.com.br
fale com a Lúmen: atendimento@lumeneditorial.com.br
departamento de vendas: comercial@lumeneditorial.com.br
contato editorial: editorial@lumeneditorial.com.br
2009
**Proibida a reprodução total ou parcial desta
obra sem prévia autorização da editora**
Impresso no Brasil – *Printed in Brazil*

Dedicatórias

Dedico este livro com muito amor a todos aqueles que, como eu, buscam seguir os passos do Mestre.

Às minhas filhas carnais Eliane e Carla, minha adorável neta Lya, aos meus genros Luiz e Daniel, e ao Boanéris, meu companheiro de jornada.

Sumário

Apresentação	9
Novas perspectivas	13
Boas notícias	21
O sonho vira realidade	25
Na cidade grande	33
Mudança inesperada	43
Nova condição de vida	55
Conhecendo novos fatos	69
Vivendo o presente	79
Descobrindo sentimentos	93
Amor fraterno	101
Marcos reencarna	115
O ciúme de Simone	123
Planos estranhos	129
Dominada pela tristeza	153
Obsessão	165
Recuperando a consciência	175

Apresentação

É muito difícil para qualquer ser encarnado, por mais preparado que esteja, na hora de enfrentar a grande passagem deste mundo para o outro às vezes não se sentir inseguro e temeroso.

Temos recebido muitos depoimentos sinceros e verdadeiros de amigos espirituais que nos vêm trazendo muito conforto e esperança, para enfrentarmos melhor a grande viagem.

Sabemos que a morte física não é o fim de nossas vidas. Continuamos vivos e conscientes até usando a lei do livre-arbítrio, concedida por Deus a cada um dos Seus filhos após o desencarne.

Somos os responsáveis por nosso destino. O que semearmos hoje colheremos amanhã, isso é cem por cento correto.

Nenhum ser vem a este mundo sem o amparo de um mentor de luz, que prepara, orienta e incentiva os filhos de Deus a seguirem os passos do Mestre Jesus. Recebemos instruções antes de mergulharmos num corpo carnal e, muitas vezes esquecidos e cegos neste mundo de provações, cometemos muitos delitos.

Neste livro vamos acompanhar a trajetória de uma boa filha que passou sua vida física em prol da mãe e dos irmãos. Mesmo recebendo orientações espirituais, em terra ela se deixou levar pelas ilusões da vida carnal, perdendo-se pelas estradas, afastando-se da rota da luz por muito tempo, obcecada por sentimentos egoístas. No plano espiritual, tinha tudo para se libertar das amarras do passado.

Recebeu amor, proteção, instruções e muito incentivo de amigos e parentes espirituais, porém em sua "cegueira" não conseguia se desligar do passado, mesmo diante da luz que se estendia à sua frente.

Desencarnando muito jovem, deixou muitos sonhos de menina, e não aceitou sua partida para o mundo dos espíritos. Por mais ajuda que recebesse, não conseguia se desligar de sua vida carnal.

Cercada do amor dos amigos e familiares, sonhava em voltar à Terra nas mesmas condições em que partiu; mal sabia que, quando deixamos a roupagem velha (corpo físico), jamais e por nada voltamos a recebê-lo de volta. Podemos, no futuro, receber um corpo parecido com o que tivemos um dia, mas nunca o mesmo.

O espírito recém desencarnado carrega as impressões do seu corpo físico. No mundo espiritual, ele vai adquirindo suas formas naturais, que muitas vezes em nada lembram o velho corpo deixado em terra.

É por isso que os encarnados não devem sofrer com suas aparências atuais, há pessoas que não gostam da sua altura, do seu físico, da sua cor, etc. Isso não quer dizer nada, não compromete o espírito em suas formas originais. Espiritualmente podemos ter o corpo e a idade com que nos sentimos bem.

Se Deus nos concedeu uma oportunidade, devemos abraçá-la com alegria e tirar o máximo possível de proveito no sentido de melhorarmos.

Um corpo físico é a maior ferramenta da alma, use-o para elevar-se e não para regredir. Somente o trabalho sério e competente em todos os setores da vida nos leva à compreensão das missões designadas por Deus, para nos ajudar em nossa própria elevação.

Geralmente, herdamos dos nossos pais biológicos algumas semelhanças físicas, que em nada comprometem o espírito.

A família que nos recebe cumpre para com Deus um papel muito importante. É necessário que nossos pais biológicos sejam preparados para assumirem tais tarefas. A doutrina cristã é fundamental para conscientização das almas em trânsito.

A família é troca de amor entre espíritos afins, alguns precisam se ajustar, outros se lapidar, alguns servir, muitos resgatar dívidas passadas, e assim por diante.

Por mais equilibrada e correta que seja a nossa família, se não houver a palavra de Deus e os ensinamentos de Jesus no lar, torna-se impossível para o espírito concluir suas tarefas.

O evangelho de Jesus Cristo é o caminho que nos leva à compreensão de Deus.

Novas perspectivas

Pulei da cama apavorada, os primeiros raios de sol penetravam no quarto, o dia estava claro.
— Meu Deus! Perdi a hora!
Eu não podia em hipótese alguma perder aquele emprego. Eu dependia dele, assim como minha mãe, que era muito doente, sofria de deficiência visual, enxergando muito pouco, viúva e sem recursos para educar meus dois irmãos ainda pequenos, ou seja, eu era a única pessoa com quem ela podia contar. Meu pai havia falecido há seis anos. Estava trabalhando numa construção, a laje desabou e ele se foi. Ficamos sem ele e sem condições de sobrevivência. Graças à ajuda de tia Alzira, irmã do meu falecido pai, não passamos fome.

Apesar de toda privação, minha mãe nos dava a maior riqueza deste mundo: amor. Ela nos instruía sempre que devíamos agradecer a Deus todos os dias o copo de água que recebíamos, pois, segundo ela, muitas almas morriam de sede.

Com muita dificuldade completei o primeiro grau, estava com quinze anos, quando consegui uma vaga para completar o segundo grau; todo dia vinha um velho ônibus da cidade buscar e trazer os estudantes. Arrumei um emprego, fui trabalhar numa casa fazendo todo serviço e cuidando de três crianças, foi uma época maravilhosa em minha vida, sempre adorei crianças. Recebi muita ajuda da minha tia e consegui concluir meus estudos.

Minha tia veio nos visitar e me aconselhou a pedir uma semana de licença no meu trabalho; minha mãe, apesar de sua deficiência, dava conta do trabalho da casa e cuidaria das crianças. Ela me disse que ficou sabendo, pela noiva do meu primo, que havia um concurso aberto numa grande empresa estatal e que eu poderia me inscrever e tentar; se eu passasse, poderia ajudar a minha mãe e meus irmãos a terem uma vida digna.

Tudo combinado com minha tia, e cheia de esperanças, arrumei minhas poucas coisas e pela primeira vez fui até a cidade grande. Era como se estivesse perdida no meio de tanta gente e de tantos automóveis.

Na segunda-feira cedo, fui fazer minha inscrição acompanhada por minha tia. Combinamos que eu iria fazer as provas e só depois dos resultados falaríamos para minha mãe. Entretanto, já me preocupava como iria pedir em breve outra licença? Minha tia, como se lesse meus pensamentos, respondeu-me:

— As provas são realizadas nos fins de semana, vai dar tudo certo! Eu te envio o dinheiro da passagem, você vem na sexta-feira e volta no domingo à noite.

Tudo ali era novo para mim, será que eu me acostumaria na cidade grande? Bem, se tiver minha mãe e meus irmãos a meu lado vou me acostumar sim, dizia para mim mesma.

Passei os dias conhecendo coisas e lugares que nunca tinha visto, fiquei encantada com o zoológico, mas morri de pena vendo tantos animais aprisionados. Eles seriam felizes? Bem tratados sei que eram, mas ser bem tratado não quer dizer ser feliz!

Na sexta-feira minha tia me convidou para acompanhá-la até um Centro Espírita, onde fiquei assustada. Nunca imaginei que uma pessoa como ela pudesse freqüentar esses lugares...

Fiquei assustada, mas não poderia desagradá-la dizendo não!

Ela ia todas as sextas-feiras trabalhar, dando assistência aos doentes e necessitados. E explicou o que era um Centro Espírita, mesmo assim ainda fiquei com medo.

Saímos de casa às 19:00h, fomos a pé, pois era perto de sua casa.

Passei pelo portão suando frio, e fui apresentada a várias pessoas que me trataram com muita educação e carinho.

Quando vi minha tia sentada numa cadeira, fiquei gelada, notei que ela entrava num transe que eu mesma não pude entender.

Em breves momentos, ela passou tantas mensagens de esperança e ensinamentos, que eu não pude conter as lágrimas de emoção. Foi maravilhosa aquela noite, saí sentindo saudades, pois não sabia se um dia voltaria novamente.

O grande dia chegou. Havia transcorrido três meses e o concurso seria realizado. Minha tia mandou o dinheiro da passagem, embarquei na sexta-feira à noite, chegando no sábado pela manhã, onde minha tia me esperava.

No domingo cedo tomamos café e saímos, ela me recomendou ter calma e que ficasse tranqüila para fazer as provas.

— Estarei aqui ao meio dia para apanhá-la, boa prova e que Deus te ilumine! Vou rezar e pedir o socorro divino que lhe ampare.

Fiz minha prova, respondi as questões com consciência, mas não poderia dizer que acertei tudo! Teria que aguardar os resultados.

Ao sair, minha tia estava acompanhada do meu primo e sua noiva, ela me perguntou:

— E então, as perguntas estavam difíceis?

— Não, eu acho que as perguntas foram boas.

— Ah! Você vai passar! Tenho certeza – disse ela, abraçando-me. E prosseguiu: — Entre no carro.

Ela trabalhava na empresa em que eu estava concorrendo a uma vaga.

— Vamos aproveitar o resto da tarde, porque você tem que viajar à noite, não é mesmo?

Durante o percurso ela me falava das vantagens que a empresa oferecia. O salário, as ajudas de custos, assistência médica, etc. etc. Tudo parecia um sonho, se realmente eu conseguisse, minha vida iria mudar da água para o vinho.

Passamos uma tarde maravilhosa, fomos ao cinema e, logo após, numa churrascaria. De volta para casa ia pensando, enquanto apertava a minha bolsa com o cartão de minha inscrição; sonhava com a felicidade da minha mãe e meus irmãos, eles poderiam estudar, comprar roupas novas, comer melhor, minha mãe faria um bom tratamento, quem sabe se não poderia até operar os olhos e ficar boa?

Não parava de sonhar, passei a noite inteira sonhando acordada durante a viagem.

Os dias se passavam, eu estava ansiosa, tensa, e minha mãe com todo cuidado me chamou perto dela, colocou a minha cabeça em seu colo e me perguntou:

— Filha, o que está acontecendo? Eu tenho a impressão de que você me esconde alguma coisa, você anda nervosa, sem dormir e mal toca na comida. Alguma coisa está errada! Isso eu tenho percebido depois que você foi à cidade: arrumou algum namorado por lá, filha? Confie em sua mãe, me fale por que está sofrendo!

Emocionada, abracei-a.

— Está tudo bem, mamãe, ando preocupada, sim, preciso arrumar um emprego para trabalhar e ajudar a senhora. Precisamos ter um pouco mais de segurança.

Ela alisava o meu rosto, enquanto eu continuava falando:

— Terminei o segundo grau, fiz datilografia e parei com tudo, mãe; eu já tenho mais de dezoito anos, preciso ajudar a senhora, é isso que está acontecendo.

— Calma, filha – respondeu-me ela –, quem sabe se no próximo ano você não arranja um trabalho na usina grande que estão construindo?

O que você precisa, filha, é se divertir um pouco, arranjar um bom rapaz, namorar e passear como todas as moças de sua idade! Eu confio em você e sei que você jamais faria qualquer coisa errada, é que vejo você tão nervosa e distante, que senti medo.

Os dias se arrastavam, eu não conseguia dormir, esperando pelo resultado do concurso. Enquanto trabalhava ficava sonhando acordada.

Era mais um dia de trabalho, as crianças foram para a escola e eu estava lavando as roupas da minha patroa, quando um mensageiro que trabalhava no único posto de telefone público apareceu, chamando-me com o seguinte recado:

— Sua tia vai ligar novamente daqui a 15 minutos e pediu para você ir atendê-la.

Enxuguei as mãos no avental, fechei as portas e nem me preocupei em pentear os cabelos, saí correndo de chinelo de dedo no pé. Os minutos pareciam horas, o telefone tocou, o funcionário me chamou para entrar na cabina, do outro lado minha tia gritando de alegria falava:

— Parabéns, Simone! Você passou no concurso, filha, foi classificada nos primeiros lugares! Daqui a quinze dias você deverá vir fazer sua última prova de datilografia!

Eu nem conseguia responder, as lágrimas pingavam dos meus olhos, lágrimas de felicidade.

Ela me passou todos dados, disse estar mandando o

dinheiro da minha passagem, e que eu não poderia em hipótese alguma deixar de ir.

Só me lembro de ter respondido a ela o seguinte:

— Um dia, tia, eu quero recompensá-la por tudo o que a senhora está fazendo por nós.

Do outro lado da linha, ela me respondeu:

— Faço isso como muito amor, filha, você merece.

Voltei para o meu trabalho transbordando de alegria.

Já escurecia, quando cheguei em casa. Minha mãe costurava com dificuldade uma calça do meu irmãozinho. Beijei o seu rosto, e senti um aperto no coração, coitados dos meus irmãozinhos, nunca tinham vestido roupas novas, sempre roupas usadas que já não serviam mais em alguém. Meus irmãozinhos não tinham brinquedos de lojas, eles inventavam seus próprios brinquedos. Oh! Deus, eu tenho que conseguir este emprego, dizia comigo mesma, enquanto observava que eles brincavam no chão.

Notei que minha mãe estava séria.

— Mãe, aconteceu alguma coisa?

— Sou eu, filha, quem devo lhe fazer esta pergunta! – respondeu-me sem levantar a cabeça.

— Por que a senhora está falando isso, posso saber?

— O que é que se passa neste lugar que todo mundo não fica sabendo, filha?

Empalideci. Alguém contou para ela que fui atender um telefonema da minha tia.

— Pois bem, mãe, se é sobre o telefonema da tia, eu iria lhe contar: ela está mandando o dinheiro da minha passagem, nestes quinze dias eu preciso ir até lá.

— Filha, eu não estou gostando desses segredos com sua tia, ela tem sido uma luz no nosso caminho, mas sinto no meu coração que vocês estão me escondendo algo. Já passou mil coisas pela cabeça, cheguei até pensar se você não está doente e não quer me falar.

— Pelo amor de Deus, mãe, não pense em coisas ruins, pense em coisas boas! Senti remorso em vê-la sofrendo tanto, mas não podia ainda contar a verdade, e, se não desse certo? A decepção seria maior.

Levantei-me e fui até a janela, sem pensar muito expliquei:

— Eu estou indo lá, porque a tia não pode pagar mais ninguém para fazer a limpeza de sua casa e também cuidar das roupas; eu acho justo ir até lá e ajudá-la, porque ela nos ajuda muito. Não quis lhe contar, porque conheço a senhora, iria se sentir culpada de recebermos a ajuda que ela nos manda.

Não estou fazendo nada de errado, juro pelo que há de mais sagrado, o que está acontecendo só vai nos ajudar, se Deus quiser!

Vi duas lágrimas descendo pelas faces de minha mãe, ela enxugou os olhos e abriu os braços chamando-me. Ficamos abraçadas alguns minutos em silêncio. Foi minha mãe quem falou primeiro:

— Filha, me perdoe, é que você é um anjo na minha vida, só de pensar que alguma coisa ruim possa lhe acontecer sinto uma dor imensa em meu peito.

Boas notícias

Novamente lá ia eu para a cidade. Os comentários começaram a surgir de todos os lados. Diziam que eu estava namorando alguém da cidade e ia atrás dele, outros me censuravam que, ao invés de gastar nestes passeios, poderia estar comprando comida e remédios para minha mãe. Os falatórios eram muito comuns nos vilarejos pequenos.

Cheguei no sábado de manhã na cidade, minha tia me animou, dizendo que eu poderia treinar um pouco numa máquina de escrever do meu primo, e assim fiz. Comecei a treinar de tarde e fui até meia-noite; só parei porque minha tia me chamou atenção para parar e ir dormir.

Fiz a prova à tarde e, de lá mesmo, meu primo e sua noiva me levaram até a estação. A noiva do meu primo me prometeu que, assim que saísse o resultado final dos candidatos, ela me ligaria. A previsão era entre dez a quinze dias.

De volta para casa, minha mãe olhava para mim cheia de pena.

— Filha, trabalhou muito? Está muito cansada? Eu posso ir fazer o seu serviço hoje, pelo menos você descansa um pouco.

— Mãe, eu não estou tão cansada assim, lá na cidade o trabalho mais pesado é lavar roupas e limpar chão, mas existem as máquinas, o ferro é elétrico, nada cansa, fique sossegada.

Aquela semana pareceu uma eternidade, cheguei a ter pesadelos, sonhei que a Sílvia me ligava dizendo que eu não havia passado na prova de datilografia, e estava eliminada. Acordei desesperada, graças a Deus foi um sonho, apenas um sonho.

Vencia os quinze dias, era uma sexta-feira. Eu estava angustiada, depois que as crianças saíram para a escola dei vazão as minhas lágrimas. O meu sonho então foi um aviso, venceu o prazo, Sílvia não me ligou, porque de fato eu não passei na prova!

Estava limpando o chão da cozinha e chorando, quando ouvi bater palmas no portão. Enxuguei os olhos e saí correndo, o mensageiro olhando-me perguntou:

— Está chorando por quê? Eu respondi que não estava chorando.

— É que acendi o fogão de lenha e a fumaça me ardeu os olhos, lenha verde você sabe como é.

— Isso é verdade – concordou o mensageiro –, se a lenha tiver verde é uma fumaceira doida! E faz um mal danado – acrescentou. — Eu vim te avisar que daqui a dez minutos uma moça chamada Sílvia quer falar com você no telefone, é melhor a gente se apressar – ele propôs, enxugando a testa na manga da camisa.

Corri e fechei a porta, as pernas tremiam, o coração batia acelerado.

O mensageiro caminhando ao meu lado fez uma observação:

— Nesses fins de mundo tudo pra gente é difícil, o seu caso mesmo é um exemplo, estudou tanto pra quê? Pra trabalhar em casa de família, ganhar uma ninharia e passar o dia todo engolindo fumaça, limpando chão, cuidando dos filhos dos outros! Você precisa mesmo é arrumar um rapaz bem de vida, casar, ter seus filhos e sossegar.

Eu ia rezando, apenas ouvia o mensageiro falando e falando... Fiquei de pé perto da cabina telefônica, tremia a boca de tanto nervoso. O telefone tocou, o funcionário mandou eu entrar na cabina. Peguei o telefone tremendo, a voz quase não saiu.

Do outro lado da linha, Sílvia rindo me disse:

— Parabéns, colega! Já te considero uma funcionária da minha empresa. Você foi aprovada, e como suas notas tanto na primeira prova, como nesta última, foram altas, acredito que eles te chamem logo, logo.

Como uma criança que nunca teve um brinquedo e ao receber o primeiro fica boba, gritei:

— Você não está brincando comigo, não é, Sílvia?

— Deixa de tolice, menina! Vá se preparando e avisa a sua mãe e aos seus irmãos, em breve você será uma funcionária de uma grande empresa!

Agradeci e pedi que qualquer novidade me comunicasse. Saí da cabina telefônica e num ímpeto beijei o rosto do mensageiro, gritando muito obrigado! Ele passou a mão pelo rosto, espantado, sem entender o meu gesto.

Retornei cantarolando pela estrada de terra, as pessoas conhecidas passavam por mim assustadas, pois eu era uma pessoa fechada. Trabalhei o resto do dia cantando em voz alta.

Recebi mais uma chamada de minha tia para ir fazer os exames médicos, etc. Passei três dias na cidade, minha mãe me substituiu no trabalho, a minha preocupação, antes de viajar, foi com as crianças das quais eu tomava conta.

Fui informada que era só aguardar a chamada, que tudo estava bem comigo, e dentro de uma semana sairiam os últimos resultados. Caso todos os outros exames estivessem bem, era só aguardar a chamada para assumir o meu cargo.

Deus, como a felicidade nos ensina a ser pacientes! Eu precisava saber esperar, confiava em Deus, que minha saúde era boa.

Uma semana depois a novidade: Sílvia me ligava falando que agora era só uma questão de tempo. Eu estava aprovada em tudo, era só esperar.

O sonho vira realidade

Cheguei em casa no mesmo horário, cantando e sorrindo sem parar. Minha mãe se assustou, pois eu não tinha por hábito rir do nada.

— O que aconteceu com você, viu algum passarinho verde?

— Mãe, já vieram contar que eu recebi hoje um telefonema da cidade?

— Não, ninguém veio me contar – ela ria –, mas com certeza amanhã o povoado todo já sabe. E continuou: — Filha, faz uma semana que você foi lá, sua tia já está lhe chamando outra vez? Agora ela estava séria.

Peguei em sua mão e pedi:

— Sente-se aqui, apontei para um banco. Agora ouça com toda sua atenção o que tenho para lhe dizer. Minha mãe empalideceu, ficou calada esperando que eu falasse.

— Mãe, me perdoa por ter mentido para a senhora sobre as minhas idas à cidade. Lembra-se quando a tia veio aqui e me levou com ela pela primeira vez?

Minha mãe, calada, assentiu com a cabeça, estava pálida.

— Pois bem, eu fui lá, fiz uma inscrição numa grande empresa estatal, depois voltei, fiz a primeira prova, fiz a última prova, e, hoje, recebi a última notícia: mãe, eu passei em tudo! Vou trabalhar numa estatal, vou ganhar um bom salário, vou poder tirar a senhora e meus irmãos daqui, vamos ter uma vida melhor, mãe!

Ela se levantou e me abraçou chorando. Depois de comemorar a nossa alegria, pulando, olhávamos uma para a outra com orgulho. Meus irmãozinhos chegaram da escola, eu levantei cada um deles no alto, o mais novo me perguntou assustado:

— Você está com febre?

— Não, garoto, eu estou ótima! Estou louca de alegria! Responda-me uma coisa sem pensar muito! Se você fosse ganhar um brinquedo no Natal (estávamos em abril), o que você gostaria de ganhar?

— Um carrinho vermelho!

— E você? – perguntei apontando para o outro.

— Um avião azul!

— E as roupas novas, quais são as suas cores preferidas?

Os dois responderam ao mesmo tempo, eu não entendi nada.

— Fala um de cada vez! Primeiro fala o mais velho.

— Por que você está perguntando isso pra gente? – ele respondeu.

— Porque de repente eu posso arrumar um emprego até o Natal, aí eu posso comprar alguma coisa para vocês!

— Nós vamos rezar pra você arranjar mesmo um emprego – ele avisou.

Assim, fiquei trabalhando e aguardando pela minha sorte. Só de pensar em ficar longe da minha família e das crianças que eu cuidava me dava um nó na garganta.

Chegou o inverno. Graças a Deus que nós ganhamos roupas e cobertores usados da minha tia, de fato ela era um anjo em nossas vidas. Fiz uma promessa: assim que eu fosse trabalhar na cidade, iria acompanhá-la sempre que fosse nas suas reuniões, pois ela trabalhava com muito amor e ajudava tantas pessoas naquele local.

Estávamos em pleno inverno, chovia muito, as estradas estavam horríveis, os poucos carros que entravam em nosso povoado chegavam com muita dificuldade. Era uma quarta-feira do mês de julho, o dia estava frio, porém não chovia. O mensageiro bateu palmas chamando-me para ir atender minha tia, ela deixou o recado que voltaria a ligar dali a alguns minutos.

Vesti uma blusa de frio, surrada pelo tempo, andei agarrada pela cerca de arame farpado, para não cair na lama.

Fiquei de pé na ante-sala, tamanha era a minha ansiedade, eu tremia nem tanto pelo frio, mas de nervoso. Esperei alguns minutos de braços cruzados, para disfarçar o nervosismo.

Tocou o telefone e meu coração disparou! O rapaz me deu sinal para entrar na cabina, eu dei um alô e cheguei a ouvir o eco pesado da minha própria voz. Do outro lado da linha, minha tia me dava a tão esperada notícia:

— Você precisa se apresentar no escritório com todos os documentos, para começar a trabalhar segunda-feira! Parabéns, filha, nós estamos muito felizes por você.

— Hoje é quarta-feira, você vem na sexta-feira, filha. Pega dinheiro emprestado com alguém, que já estou mandando; na segunda-feira o dinheiro deve estar aí e sua mãe acerta sua dívida. Venha sem falta, que você não pode perder esta grande oportunidade que Deus te deu.

Fiquei pálida, agora que chegava a hora de partir eu tremia de medo. Ela me recomendou mais uma vez:

— Vem na sexta-feira, você precisa arrumar o seu cabelo e suas unhas, vamos experimentar algumas roupas e calçados que a Sílvia trouxe, ela vai lhe instruir sobre algumas coisas que você precisa saber. Você, filha, vai estar no meio de pessoas importantes e não pode ir de qualquer jeito. Linda você é demais, porém precisa arrumar-se como as moças da cidade.

Voltei para casa e naquele dia mesmo já avisei a minha patroa, prometendo que falaria com a minha mãe para lhe dar uma ajuda, até ela arrumar outra pessoa. Com certeza logo entraria outra em meu lugar, havia muita gente procurando trabalho.

Saí de lá chorando, prometi escrever para as crianças, falei que ia morar na cidade grande com a minha tia. Não dei muitas explicações, aprendi isso com a minha mãe, devemos ter discrição em nossa vida particular, assim como respeitar os outros.

Em casa comuniquei a minha mãe que ao mesmo tempo ficou feliz e triste, eu teria que partir. Só me restava mais um dia em sua companhia, até ir de encontro a nossa felicidade, porque eu iria fazer de tudo para levá-la o mais rápido possível para viver comigo.

Arrumei todos os meus documentos e as poucas coisas que eu possuía; na sexta-feira me despedia dos meus irmãozinhos, pedindo a eles que obedecessem a nossa mãe, eu estava indo trabalhar para comprar os presentes de Natal e levá-los para morar na cidade, assim que Deus permitisse.

Eles foram me levar até o ônibus, chorávamos abraçados. O motorista entrou e eu também precisava entrar. Abracei minha mãe pedindo que tivesse calma, eu ligaria assim que pudesse.

Cheguei à estação da cidade com o coração apertado, Sílvia e meu primo me esperavam, deram-me boas vindas e minha tia me recebeu de braços abertos; eu me sentia tensa, a ansiedade tomava conta de mim. Sílvia me levou ao cabeleireiro, mandou aparar as pontas dos meus cabelos, a moça do salão disse que meus cabelos eram perfeitos:

— ...' é um cabelo assim que todas as mulheres sonham ter. Meus cabelos eram lisos e brilhantes.

Experimentei roupas, calçados com saltos, tive que ficar treinando, eu nunca tive sapatos de salto, mas logo me adaptei. Sílvia me orientou como usar facas, talheres, como deveria me sentar, etc. assim como deveria me comportar dentro da empresa, etc. Ficou combinado que ela passaria na segunda-feira cedo para me pegar, até eu aprender o caminho ela iria me levar. Eu me sentia como um peixe fora d'água diante de tantas novidades.

Entrei no prédio e imaginei se tudo aquilo era real ou eu estava sonhando. Na parte da manhã fui apresentada aos novos colegas, o local e o setor onde trabalharia. Na hora do almoço, Sílvia foi me buscar para almoçar com ela, apresentou-me a outros colegas que me deram boas-vindas.

Chegou a sexta-feira e eu já tinha combinado com minha tia que iria com ela ao Centro. Cheguei em casa, tomei banho, ela tinha feito uma sopa, nós jantamos e fomos ao Centro Espírita; desta vez eu sentia uma imensa alegria no coração, não fui por obrigação e nem sentia medo, fui agradecer as bênçãos que recebi.

Foi um trabalho maravilhoso, agradeci muito a Deus por estar ali naquele local aprazível e que trazia muita tranqüilidade, onde havia uma música suave e baixinha que nos levava paz. Cada palavra do mentor era como um esteio forte que sustentava a nossa alma. Enquanto ele animava todos com suas palavras de conforto, eu pensava em minha família, pedia pela alma do meu pai.

Naquele dia, descobri que algo muito maior e mais forte que tudo o que eu já tinha visto ou aprendido morava dentro de mim: Deus. E Ele estava ali, em cada trabalhador, em cada mentor.

Aprendi rapidamente a me locomover, ia e voltava sozinha do trabalho, estava fazendo o meu trabalho muito bem, foi o que ouvi do chefe do nosso setor. Entrosei-me com todos colegas, já me orgulhava de tudo aquilo, de vez em quando me pegava pensando: "... ah! Minha mãe ainda vai conhecer este local, ela vai sentir muito orgulho de mim".

Recebi o meu primeiro holerite, meu salário estava depositado num banco, com o talão de cheques nas mãos eu não podia conter a emoção. Recebi vales de almoço e transporte. Recebi também carteiras de assistência médica, minha mãe e meus irmãos eram meus dependentes. A moça me explicou que sendo minha mãe viúva e sem recursos, os meus irmãos menores seriam meus dependentes.

Conforme minha mãe me instruiu, assim que recebi uma parte do meu salário, fui dar uma parte para minha tia. Ela brigou comigo, dizendo que eu deveria juntar o máximo que pudesse e ajudar minha mãe e meus irmãos, ela não queria um tostão! Tudo o que estava fazendo por nós era por amor e agradecia muito a Deus pela ajuda que estava recebendo, pois nos finais de semana eu brigava com ela para fazer o trabalho de casa mais pesado.

A minha vida mudou, em cinco meses eu me sentia outra. Todo mês enviava o suficiente para minha mãe fazer uma boa compra, mandei pelo correio roupas, calçados, toalhas de banho, mesa, os brinquedos dos meus irmãozinhos e uma fotografia, onde eu estava maquiada e diferente.

Recebi abono de Natal e alguns presentes da empresa, minha mala já estava pronta, íamos ter praticamente uma semana de folga. Comprei presentes para todos. Iria passar o Natal com eles e já deixar minha mãe preparada: eu já tinha visto dois cômodos para alugar, a moça deixaria a casa dentro de um mês e eu iria alugar aquela casinha para nós.

Conversei com minha tia, não fazia nada sem consultá-la. Fizemos os cálculos: se eles chegassem na cidade no começo do ano, daria tempo de correr atrás de escola para meus irmãos.

Comecei a me preparar, ganhei um fogão, cama beliche, uma mesa e cadeiras de uma colega de trabalho, minha tia nos deu muitas coisas. Eu compraria o básico que faltava para começarmos a vida. Esse era o meu grande presente para eles. Voltava para casa, mas ali voltava uma nova Simone! Assim que desci do ônibus fui rodeada de beijos e abraços, todos me olhavam espantados e repetiam: "como você está linda!"

Minha mãe arrumou a casa, estava tudo bonitinho, limpinha como sempre, achei meus irmãos crescidos e mais fortes. Minha mãe comentou:

— Também, comendo do jeito que eles comem! Graças a Deus e a você a nossa cozinha está sempre farta. Filha, só os anjos mesmo podem fazer o que você está fazendo por mim e por seus irmãos.

No quarto abri as malas, levei com todo cuidado uma pequena árvore de Natal com bolinhas e tudo, alguns presentes entreguei às crianças, os outros pacotes, só no dia de Natal! Disse a eles que havia comprado o carrinho vermelho e o avião azul, para entregar no dia de Natal.

Eles estavam ansiosos, mas eu expliquei que os presentes ficariam em baixo da árvore de Natal, afinal de contas era o primeiro ano que Papai Noel vinha em nossa casa! No outro dia eu iria montar a árvore e arrumar tudo. Os olhos deles brilhavam de emoção.

Aquele Natal foi realmente um presente de Papai Noel para todos nós; a todas as crianças do povoado eu dei balas e bexigas, o povoado virou uma festa.

Arrumando a mala para voltar, deixei minha mãe preparada, eu voltaria para buscá-los em breve. Ligaria avisando.

Ela ficou inquieta. Eu expliquei que tudo isso era natural, mas que depois a gente se acostumava, e ela não tinha com que se preocupar, nós tínhamos a tia Alzira lá perto.

Entrei no ônibus com lágrimas nos olhos, dando graças a Deus por tudo de bom que estava acontecendo em nossas vidas. Agora revia os melhores momentos vividos em nossa casa, pensei no Centro Espírita e como expliquei para minha mãe que eu estava freqüentando um Centro Espírita juntamente com a minha tia, estudava e me preparava para ajudar a outras pessoas carentes. Ela me respondeu:

— Se você vai e te faz bem, filha, continue indo, a nossa fé está no coração e Deus está dentro dele. Sua tia Alzira é uma pessoa muito especial, ela jamais te levaria a um local ruim. Tenho certeza que esse lugar deve mesmo ser muito bom, não conheço essas coisas, você sabe que aqui não tem Centro Espírita. Abracei minha mãe e prometi:

— Um dia a senhora vai conhecer esse pedaço de céu.

Na cidade grande

No começo de fevereiro, a casinha estava toda pintada de branco, cortinas coloridas nas janelas. Adquiri poucos móveis, todos de segunda mão, mas em bom estado, estava tudo montado, a casa estava linda! Até via a expressão no rosto de cada um deles, quando eu ligasse a TV usada que eu comprei, mas que estava funcionando perfeitamente. E minha mãe, quando visse a geladeira, o fogão a gás... O meu sonho se realizava. Pensei em meu pai, com pena por ele não estar entre nós...

Os ambientes foram bem divididos, eram dois cômodos de tamanho razoável. No primeiro, foi dividida cozinha e sala, e o quarto foi dividido por um armário que deixava um vão na largura de uma porta. Uma cama beliche, tapetes e prateleiras nas paredes. O banheiro bonitinho, com chuveiro elétrico, etc. Os meninos nunca tinham tomado banho de chuveiro, como seria a reação deles?

Na sala coloquei um tapete no chão, almofadas, duas poltronas, uma pequena estante e a televisão. Tudo isso esperava por eles. Minha tia e a noiva do meu primo me ajudaram muito, deram-me muita força. Na cozinha um fogão a gás, panelas novas, torneira, ferro de passar elétrico, geladeira, liquidificador, era de fato o paraíso...

Fiz uma boa compra, lotei de guloseimas a geladeira e os armários, nunca me senti tão feliz.

Por telefone orientei minha mãe que não era para trazer nada, que doasse tudo para os mais necessitados. Ela protestou, dizendo-me que não iria se desfazer de nada por enquanto.

Enquanto me arrumava para a viagem, o coração disparava, pois estava indo buscar a minha família, iríamos começar uma nova vida. Minha mãe poderia se tratar melhor, meus irmãozinhos a quem eu amava acima de tudo iriam estudar e se preparar para um futuro melhor.

Antes de partir, recomendei a minha tia Alzira:

— "... reze por nós". A semana passada eu avisei no Centro, mas torna a agradecer a todos que me ajudaram no que irei fazer hoje: buscar minha família! Rezem por nós.

Abracei minha tia tão feliz, ela me disse:

— Você já pensou como o seu pai está orgulhoso de você?

— Ah! tia, porque Deus o chamou tão cedo? Como seria bom se ele estivesse aqui, vindo morar na cidade. Meu pai nunca viu televisão, nem andou pela cidade grande, nunca foi ao cinema, só trabalhou pesado e usufruiu tão pouco da vida.

Minha tia, segurando minhas mãos, lembrou-me:

— O que nos dizem os mentores, filha?

Abençoando-me, ainda disse:

— Segue com Deus e que Jesus te acompanhe. Vá sossegada, não esqueça o que combinamos, teu primo vai buscá-los na rodoviária, deixará vocês em casa, mas à noite quero todos jantando comigo.

— Está bem, tia, faremos assim.

Parti com mil pensamentos, fazia planos e mais planos, não via a hora de chegar, ou melhor, voltar com eles!

Quando entramos na estrada de terra, senti o quanto estava com saudades do cheiro da minha cidade. Minha mãe estava certa, tínhamos que conservar a nossa casinha... Quando saíssemos de férias, poderíamos passar uns dias ali, rever os amigos e matar as saudades.

Mesmo com todas as dificuldades financeiras que eu havia tido na minha infância, conheci o significado da palavra família. E, sonhando acordada, mal pude acreditar que estava pisando na minha terra e logo estaria abraçando minha mãe e meus irmãozinhos.

Eles me esperavam na pracinha do povoado. Quando os meninos me viram na janela, começaram a pular de alegria.

Após abraços, beijos e muito riso entre amigos e conhecidos, fomos para nossa casa. Minha mãe já havia arrumado tudo o que ia levar, meus irmãos estavam tão amedrontados, parecia que iam mudar-se para outro planeta.

Deveríamos retornar no dia seguinte cedo, meu irmão menor teve febre e vomitou à noite, estava tenso, assustado. Enquanto minha mãe preparava um chá de hortelã para ele, conversei bastante com os dois meninos, acho que os acalmei. Prometi aos dois que nós voltaríamos para passear na nossa casa, minha mãe já tinha acertado com a vizinha para ficar zelando por nossas coisas.

Meu irmão acabou dormindo depois que conversei com ele, já minha mãe não se mexia na cama com medo de me acordar, mal sabia ela que eu também estava acordada, não conseguia dormir. Os galos começaram a cantar, logo vi os primeiros raios do dia entrando pelas frestas das telhas.

Ouvi os trabalhadores amolando suas ferramentas de trabalho, os bezerros mugindo com vontade de mamar. Minha mãe levantou-se nas pontas dos pés para não fazer barulho, pensando que eu ainda estava dormindo, saiu sem arrastar o chinelo. Ouvi quando ela acendia o fogão de lenha.

Um cheiro bom de café entrava no quarto, meus irmãos ainda dormiam, levantei-me devagarzinho e fui atrás de minha mãe.

Ao me ver de pé, ela se assustou, eu fiz sinal que podia continuar, ela estava rezando o terço na janela da cozinha. Cheguei perto e pude ver a Estrela da Manhã brilhando no céu. As galinhas andavam no quintal procurando comida, os pássaros cantavam alegremente, a vida estava chamando seus filhos para mais um dia.

Fiquei em silêncio, também pedia a Deus que nos amparasse, não iria demorar muito e nós estaríamos partindo para uma nova vida.

Sentei-me na cadeira de madeira rústica que meu pai mesmo fez, peguei as mãos de minha mãe e beijei, vi lágrimas em seus olhos.

— Deus te abençoe, minha filha, ainda é cedo, por que se levantou?

— Oh! mãe, não fique assim, a senhora está triste. Tudo vai dar certo, você vai ver!

— Eu sei que você está nos ajudando, mas é que sinto um aperto no coração. Nunca saí daqui pra lugar nenhum, e de repente vou deixar minha casinha...

Moro aqui desde que casei com seu pai. Foi aqui nesta casinha que vocês nasceram, ela faz parte da minha vida, eu nunca vou vendê-la.

Conversamos bastante, tomei café com bolo de mandioca, olhei no relógio e ainda eram cinco horas e cinqüenta minutos! Deus, como o amanhecer no campo é lindo! Como tudo é mais claro e brilhante, a partir das quatro da manhã já podemos ver o raiar da aurora.

Não demorou muito, meus irmãos acordaram, o caçula agarrou-se com minha mãe, ele estava bem. Ela serviu o café e avisou para eles que poderiam ir brincar até 7:30h da manhã, que se despedissem dos colegas, depois iriam tomar banho e se arrumarem para a viagem.

A senhora que iria tomar conta da nossa casa chegou, acertei o pagamento com ela, deixei três meses pagos. Era nossa vizinha, uma excelente criatura, estava feliz da vida com o dinheirinho que iria ganhar, olhando e zelando por nossa casa. Nem as galinhas minha mãe vendeu, deixava tudo do jeito que sempre foi. Minha mãe recomendava a nossa vizinha que podia comer os ovos das galinhas ou vender, fizesse o que fosse melhor, podia apanhar as frutas e verduras do nosso quintal, só queria que cuidasse da casa como ela sempre fez.

Minha mãe começou arrumar as roupas da viagem, preparou meus irmãos. Eu também já estava pronta, chegou a hora da partida.

Todos choravam, entregamos a chave à nossa vizinha, minha mãe chorava emocionada, recomendei que zelasse bem tudo. Assim que pudéssemos, estaríamos voltando para visitar nossa casa.

Após deixarmos a estrada de terra, os meninos não tiravam os olhos do asfalto, cochichavam apontando os lugares, estavam maravilhados.

Chegamos por volta das 16:00h, meus irmãos, agarrados nas mãos da minha mãe, pareciam dois bichinhos do mato, perdidos. Entramos no carro do meu primo e seguimos direto para casa. Quando abri a porta, eles arregalaram os olhos; minha mãe com dificuldade, pois enxergava pouco de longe, foi olhando e observando cada coisa, por fim me disse:

— Filha, não é muito luxo para nós? Você fez dívidas nas compras da casa e ainda gastou indo buscar a gente? Está devendo muito, filha?

Não, mamãe, tudo está pago, muitas coisas aqui nós ganhamos, outras eu comprei à vista. Mostrei aos meninos o quarto deles, comprei jogos e quebra-cabeças para eles montarem. Liguei a televisão. Eles arregalaram os olhos, o menor perguntou, apontando para ela:
— Onde esse homem fica?
Expliquei a eles como funcionava, tudo era novidade. Chamei os meninos e mostrei o banheiro, ensinei como funcionava cada coisa. Abri o chuveiro e perguntei:
— Quem vai ser o primeiro?
Os dois vieram, um protegia o outro, responderam juntos:
— Nós dois.
Logo os dois estavam se divertindo debaixo do chuveiro.
Ajudei minha mãe, que ainda estava assustada com tudo novo e diferente, vestida para sairmos, pois iríamos jantar na casa da tia Alzira. Ela desabafou:
— Será que eu vou me acostumar? É muito luxo.
— Mamãe, isso não é luxo, a senhora merece muito mais! Um dia, se Deus quiser, ainda vou lhe dar muito mais. Ela encheu os olhos de lágrimas, agradecendo-me com um beijo.
— Filha, você é um anjo de Deus, eu não sei se te mereço.
Fomos recebidos com alegria na casa da tia Alzira. Sílvia adorou meus irmãos, meu primo ligou a TV, eles, parados, nem piscavam olhando um desenho animado.
Com ajuda da tia Alzira, minha mãe foi a uma escola perto de casa e conseguiu vagas para os dois meninos estudarem. Orgulhosa, ela me disse que foi tão bem atendida, a diretora foi muito educada com ela.
Levei minha mãe ao Centro, ela voltou feliz e disse-me que nunca sentiu uma paz tão grande no coração. Depois de um tempo, os meninos e minha mãe estavam bem adaptados. Todas as segundas-feiras à tarde, enquanto os meninos estavam

na escola, minha mãe, juntamente com tia Alzira, freqüentavam o Centro. Eu só podia ir às sextas-feiras após o trabalho, quando chegava em casa, lá pelas 18:00h, minha mãe já estava pronta e me cobrava:

— Vai tomar banho e se cuidar, filha. Deixa os meninos que eles estão bem cuidados.

Orientada por um mentor espiritual, levei minha mãe num oftalmologista especializado, ele nos deu uma esperança: iria operar um dos olhos dela, colocaria uma lente, e depois operaria o outro. Ela iria usar óculos, mas poderia enxergar normalmente.

Não parava de agradecer a Deus e àquele mestre iluminado pelas bênçãos recebidas.

Assim foi feito: um dos olhos de minha mãe foi operado, deu certo! Minha mãe estava enxergando bem. Logo ela operou o outro e não se continha de tanta alegria em poder enxergar.

Ela se empenhou nos trabalhos espirituais, parecia outra pessoa. Agora ela animava outras pessoas a terem fé.

Meus irmãos, com as graças de Deus, estavam muito bem na escola, nas reuniões eram só elogios, principalmente pelo comportamento deles. Minha mãe, todos os dias, recomendava aos dois como se comportarem diante da vida e das pessoas.

No meu trabalho tudo estava bem, eu só tinha motivos para cair de joelhos e agradecer a Deus por tantas bênçãos.

O que eu ganhava era o suficiente para vivermos em paz. Minha mãe enxergando, o que queria mais da vida?

Sílvia e meu primo, tia Alzira e mesmo minha mãe me cobravam de vez em quando que eu deveria arrumar um namorado, dizendo que eu precisava sair um pouco da rotina, que só vivia para casa, trabalho e Centro. Eu respondia para eles:

— Na hora que Deus me mostrar alguém que toque o meu coração, eu vou namorar. E depois eu não estou tão velha assim, gente, calma! Todos acabavam rindo.

No meu setor de trabalho, um colega me cortejava, eu delicadamente deixei claro para ele que não gostaria de me envolver com colegas de trabalho, para mim, ali era a minha família, eles eram meus irmãos. Aos poucos ele foi desistindo, arrumou uma namorada e se tornou meu amigo.

Saímos de férias em janeiro, meus irmãos passaram de ano, foi uma beleza. Era o primeiro Natal deles na cidade, cada coisa nova ainda era uma sensação de descoberta. Eles ficaram encantados com a cidade toda enfeitada. Depois do Ano Novo, fomos passar alguns dias na praia. Aluguei um apartamento pequeno, era um sonho, vi pessoas mais alegres e felizes na beira do mar, não tínhamos nunca ido ao mar.

Quando voltamos da praia, fomos para a nossa casa do interior, convidamos tia Alzira, mas ela inventou mil histórias, no fundo tenho certeza de que desejava mesmo era nos deixar juntos.

Quando entramos pela velha estrada de terra, os meninos fizeram uma festa. Como era bom voltar para casa, minha mãe não falava nada, mas percebi que torcia as mãos. A nossa casa estava toda limpinha e arrumada, a vizinha cuidou com muito carinho de tudo, cada coisa estava em seu devido lugar. Comemos galinhas, ovos, queijos, foram dias maravilhosos.

Quando terminamos de arrumar as malas, eu comecei a rir, e mostrei aos meus irmãos a quantidade de coisas que estávamos levando. Eram doces, galinhas assadas na brasa, queijos, manteiga, frutas.

— Como vamos levar tudo isso? – perguntei.

Eles, rindo, responderam:

— Daremos um jeito, mas vamos levar tudo!

De volta à cidade, ainda me restavam três dias de férias. Visitamos parques, museus e tudo o que deu para aproveitar. Foram férias inesquecíveis.

Quando retornei ao trabalho, meus colegas me elogiavam:

— Como você está linda, Simone! Estas férias te fizeram muito bem! Está bronzeada e muito mais bonita.

Sentada à mesa de trabalho, eu me lembrava de cada detalhe que vivi ao lado dos meus irmãos e da minha mãe. Meu Deus, como é bom fazer de vez em quando uma breve reflexão; só posso e só tenho que agradecer a Deus. Sou muito feliz, e acredito que faço a minha família também feliz.

Mudança inesperada

Abri os olhos, meu corpo estava um pouco pesado. Sentia-me acordada, mas ainda no sonho! Estava num quarto maravilhoso. Tomara que esse despertador toque logo, assim eu acordo de uma vez! Iria falar com o mestre na sexta-feira sobre esse sonho! Nunca tive um sonho tão longo e com tantos detalhes...

Num ímpeto, levantei-me e vi o dia claro!

— Meu Deus! Perdi a hora! Olhei a minha volta, fiquei confusa, eu não estou dormindo, mas também não consigo acordar!

O que está acontecendo comigo?

Este quarto não é o meu! Nunca vi quarto nenhum assim. Toquei em minhas mãos, estava acordada. Olhei em minha volta e tomei um susto. Meu Deus, eu estava sonhando, ainda bem que não era real. Claro que era um sonho, aquele quarto não existia em minha vida.

A minha casa era apenas um quarto e cozinha, mas o bastante para me sentir feliz! Eu precisava sair daquele lugar! Tentava coordenar minhas idéias, parecia que algo bloqueava meus pensamentos. Pensei na minha mãe, senti um alívio bom, pensei no Centro e me acalmei. Fui sentindo um sono que não pude controlar, deitei-me e adormeci novamente.

Fui acordando devagar, lembrei-me do sonho e resolvi não abrir os olhos de imediato; tentei ouvir o que minha mãe estava fazendo na cozinha, ela levantava todos os dias antes de mim, enquanto eu me arrumava para ir trabalhar, ela preparava o nosso café. Respirei fundo tentando sentir o cheiro do café, nada. Tentei ouvir os meninos ressonando, tudo estava em silêncio. Deve ser madrugada ainda, vou esperar para ouvir o apito do guarda-noturno, mas não ouvi nada.

Resolvi ficar de olhos fechados e tentar ouvir algum barulho. De repente ouvi o barulho de uma fonte, senti perfume de flores. Deus, o pesadelo não terminou, ainda é o sonho, o rosto daquele rapaz estava gravado em minha mente, senti uma sensação maravilhosa, senti saudades...

Resolvi não abrir os olhos e esperar, iria esperar, alguém tinha que me acordar! Nunca havia faltado em meu trabalho, se fosse preciso até faltaria, mas não iria enlouquecer por causa de um sonho! Pensando em minha mãe, relaxei e, quando me dei conta, começava a dormir novamente.

Novamente acordei devagar, sem pensar já estava me lembrando do sonho. Fiquei parada olhando o local, era o quarto! Desta vez vou tomar uma decisão, não vou ficar deitada e nem dormir novamente, vou levantar!

Senti a boca seca, peguei uma garrafa de água que estava sobre uma mesinha, enchi um copo e bebi devagar, nunca bebi água tão saborosa!

Fui até o banheiro, abri um armário, minha escova de dente, batom, colônia, todas as minhas coisas estavam lá. Entrei no box, fiquei tentando descobrir como iria fazer funcionar aquela coisa que talvez fosse um chuveiro! Apertei um botão e logo jorrava água quente numa quantidade magnífica.

Nunca tomei banho tão relaxante. Usei meu xampu, meu sabonete, minha toalha, roupão, meu secador, tudo o que era meu estava ali.

Comecei a rir, não pensava mais em trabalho, despertador, não pensava mais em nada.

Quando deixei o banheiro, vi os primeiros raios do sol penetrando pela janela, uma cortina com desenhos de coração balançava lentamente, uma brisa gostosa entrava no quarto. O dia estava lindo.

Fiquei examinando cada detalhe daquele quarto luxuoso, as paredes desenhadas com flores coloridas e no teto um céu azul estrelado. A mobília toda branca, uma cama larga e aconchegante, numa cômoda uma caixinha de música; fui até lá, peguei a caixinha na mão. A tampa se abriu e a bailarina começou a dançar, ria, jogava beijos, era linda.

Conforme eu andava pelo quarto, descobria coisas lindas. Apertei um botão e logo ouvia uma música suave, ela me fazia lembrar as histórias de amor que li nos romances.

Fui até a janela, fiquei maravilhada com o que acabava de ver, nunca li em nenhum romance que havia lugares assim. Um jardim que girava, tinha uma fonte toda feita de cristal branco, conforme as águas desciam, formava um arco-íris em torno delas. O jardim em forma de uma estrela, muitos canteiros plantados com flores iguais às das paredes do meu quarto formavam estrelas pequeninas e, conforme o jardim se movimentava, essas estrelinhas se destacavam. Eu sonhei com isto, mas agora o que poderia dizer?

Será que era um transporte espiritual? Meu Deus! Fiquei maravilhada.

Uma revoada de pássaros coloridos passou cantando alegremente, eu só podia estar no país das maravilhas...

Avistei um grupo de mais ou menos cinquenta jovens, que pareciam vir da escola. Usavam um uniforme azul e branco, todos com cadernos e livros debaixo do braço. Pararam no jardim rindo e divertindo-se, jogavam água um no outro. Sentaram nos bancos do jardim que se balançava suavemente, um perfume incrível chegava até mim.

Fiquei corada, pois senti que meu rosto ficou quente, reparei que um rapaz alto, moreno com um par de olhos negros e sedutores, olhava para a minha janela e me acenava-me sorrindo. Meu coração bateu forte, eu corei. As moças riam-se, estavam de mãos dadas formando uma roda, começaram a cantar uma música que eu não conhecia. Meus olhos acompanhavam aquele rapaz, quando o jardim se aproximava da janela, ele dava sinal com a mão, para que eu descesse.

Meu Deus, que sonho lindo! Mas eu preciso acordar! Deve estar na hora de me levantar, será que o relógio está pronto para despertar na hora certa? Às vezes eu acordava três ou quatro vezes à noite, para verificar se o relógio estava certo; tinha medo de acordar atrasada. Preocupada em levantar, vi que o jardim se apagou.

Fiquei triste e pensei: sonho não é realidade, é apenas uma ilusão passageira.

Preciso acordar, que horas serão? A vida real é outra coisa, preciso acordar desse meu lindo sonho. Bem, vou me deitar nesta cama maravilhosa e quero despertar pensando no meu príncipe encantado.

Será que um dia vou sentir isso por alguém?

Nos sonhos somos capazes de fazer e sentir coisas que na vida real jamais faríamos, ou sentiríamos.

Deitei-me, mas não conseguia fechar os olhos, a bailarina dançava ao som daquela música suave. Meu Deus! Eu preciso acordar, o que está acontecendo? Eu não consigo acordar e nem dormir, não entendo o que está se passando comigo!

Neste meu dilema, vi entrar uma moça alta, loira, vestida de branco, tinha um lenço amarelo cor de ouro rodeando os ombros. Fiquei olhando para ela. Quem era esta pessoa que eu nunca tinha visto! Uma personagem nova dos meus sonhos?

— Bom dia, Simone, tudo bem?

Estava tão confusa que nem respondi o bom dia dela. Fiquei sentada, esperando para ver.

Ela se aproximou da janela abrindo a cortina, reparei que o céu estava azul, os raios do sol brilhavam entre os móveis do quarto.

— O dia está lindo, e tem alguém convidando você para ir conhecer o nosso jardim e toda a turma, o que você acha?

— Olha aqui, moça, eu recomendo a Deus Todo Poderoso que você possa vir a ter paz. Eu sei que estou sonhando e preciso acordar, está quase na hora do relógio despertar. Tenho que pegar o ônibus às seis e trinta, e você deve ser um espírito obsessor tentando me prejudicar!

A moça foi até a janela e olhando para mim disse:

— Vou me apresentar: meu nome é Thaís, você é a minha primeira aluna, estou tão tensa quanto você. Nunca pensei que fosse tão difícil dar certas notícias. Estou colocando-me no seu lugar, comigo aconteceu mais ou menos a mesma coisa.

— Do que você está falando? Eu não estou entendendo nada.

— Olha, Simone, na verdade você voltou à sua vida normal. Está entre nós, e precisa compreender e aceitar esta bênção que muitos perdem: o direito de voltar para casa.

Eu gelei, estava com medo até de pensar, fechei os olhos tentando me lembrar de algo, pensei em meus irmãozinhos, em minha mãe. Tive uma sensação de leveza dentro de mim, parecia que podia flutuar.

— O seu despertador tocou para você levantar pela última vez, em terra, já faz algum tempo. Isso não é um sonho, você acabou de acordar de um sono profundo chamado morte física.

Agora que você despertou para a vida, nós estamos aqui para ajudá-la a superar o passado e adaptar-se com o presente. Veja, tudo isso aqui é real, você está na colônia "Sagrado Coração de Jesus".

Somos um grupo de jovens como você, venha até aqui – disse-me puxando pela mão; levou-me até a janela, lá estava o jardim girando, girando com a sua fonte colorida molhando os canteiros enfeitados por flores de todas as cores.

O rapaz estava sentado num banco lendo. Eu fui acompanhando o movimento do jardim, quando o rapaz estava defronte à janela olhava para cima acenando. Thaís respondeu ao seu aceno, rindo me disse:

— Acene! Fiz aquilo quase mecanicamente, com o coração batendo forte.

— Está vendo aquelas casas ali? Eram conjuntos de casas, bem edificadas. É lá que moramos, de um lado ficam os rapazes e do outro as moças. Estudamos juntos, nós nos divertimos juntos, mas cada um tem a sua privacidade. São várias famílias que nos adotam, eu divido um quarto nesta repartição com Clara, que está partindo em missão; a vaga dela possivelmente venha a ser ocupada por você. Creio que vamos nos dar bem, gostei de você e tenho certeza de que vamos ser boas amigas.

Aqui todos recebemos orientações e instruções espirituais de professores especializados no assunto "a vida dos espíritos", logo você vai se adaptar!

Sentei-me na cama, as lágrimas desciam. Thaís me deu um copo de água, sentou-se ao meu lado, abraçou-me em silêncio.

A bailarina continuava dançando e enviando beijinhos, a música suave quebrava o nosso silêncio.

De repente, como se estivesse assistindo a um filme numa tela gigante, minha mente reproduzia imagens vivas de alguém que já não existia mais na Terra.

Parei e fiquei observando cada cena. Levantei-me naquele dia muito feliz, tomei banho cantarolando uma oração que eu havia aprendido no Centro Espírita. Minha mãe serviu-me um café com leite e pão caseiro, olhei para os meus irmãos que dormiam tranqüilos. Como eles eram bonitinhos e como haviam crescido! Antes de sair, recomendei à minha mãe:

— Reze para o trânsito hoje estar bom à tarde, quero voltar cedo! Assim que eu chegar, tomo um banho rápido e a gente vai ao Centro, eu não sabia o porquê, mas estava ansiosa para que o dia chegasse ao fim.

Muito orgulhosa, ela me olhou de cima a baixo, eu conhecia bem aquele olhar! Ela estava me dizendo: "você está linda". Ela me levou até o portão de saída, antes de dobrar a esquina olhei para trás e acenei, enviando um beijo; senti um aperto no coração, eu amava minha mãe! Ela era tudo na minha vida.

Eu era uma pessoa abençoada, quantas jovens do interior gostariam de estar no meu lugar? Passar num concurso como aquele e mudar a vida da família em tão pouco tempo, só mesmo uma bênção de Deus.

Agora estava tudo muito claro dentro de mim, eu havia morrido naquele dia, o incêndio devorou o suntuoso prédio do escritório onde eu trabalhava. Morri e deixei para trás tantos sonhos...

Lembrava-me o quanto estudei, batalhei, e consegui abrir uma porta para minha mãe e meus irmãos. Sonhava em vê-los formados, sonhava em me casar, ter filhos e ser feliz.

Eu estava confiante no futuro, sonhava em comprar uma casinha para a minha mãe.

Enquanto chorava diante de todas as cenas que rolavam em minha mente, pensei: A vida começava a sorrir para nós, estávamos conseguindo nos levantar na vida, eu procurava fazer o melhor possível no meu trabalho, apesar de ter estabilidade no emprego eu não podia arriscar a nossa vida. Minha mãe estava tão feliz, no Centro Espírita ela trabalhava na mesa, eu ajudava os médiuns e os mentores, anotando e explicando para as pessoas as instruções dadas por eles. Estava aprendendo tantas coisas boas que nunca imaginei existir.

Quando comecei a freqüentar o Centro, meus colegas me convidavam todas as sextas-feiras para sair depois do expediente, eu arrumava sempre uma desculpa para não ir. Jamais deixei de ir ao Centro para ir a uma festa, aos poucos eles me deixaram em paz. Eu não deixava de ir ao Centro por nada, e também não queria que meus colegas soubessem onde eu morava. Não que eu tivesse vergonha da minha família, mas não queria deixar a minha mãe constrangida com visitas de pessoas estranhas. Ela continuava a mesma pessoa do interior, simples e bondosa com todos.

Revia todas as cenas daquele dia. Ao entrar no elevador, senti um arrepio. O ascensorista sempre brincalhão me disse:

— Hoje é o melhor dia da semana, não é, Simone?

— Ah! seu Antonio, depende! – respondi-lhe. — Se fosse uma segunda-feira e o senhor tivesse um encontro com uma gata linda seria ruim?

— Bem, nesse caso eu queria que a segunda-feira nunca chegasse ao fim.

Dei bom dia e tchau para ele, entrei na minha sala de trabalho e, como sempre, fiz o sinal da cruz. Comecei a organizar minhas pastas de trabalho, coloquei em ordem as prioridades do dia.

Corria tudo normal, a copeira trouxe o café das dez e meia e me cochichou baixinho:

— Não sei o que está acontecendo no prédio, Simone, vi um corre-corre lá em baixo! Esse povo só fala as coisas pra gente quando não tem mais jeito! Você sabia que muita gente já morreu nestes prédios por aí, porque eles ficam tentando consertar as coisas e a gente nem fica sabendo? Quando somos avisados, já é tarde!

— Credo, Mara! Vira essa boca pra lá, mulher! Não está acontecendo nada! Se Deus quiser, a gente vai se aposentar e o prédio há de continuar firme e inteiro!

— Deus te ouça! Deus te ouça – ela repetiu e continuou:
— Tive um sonho tão esquisito à noite, acordei com o coração batendo forte. Uma sensação estranha.

— Faça uma oração e peça a Deus que tire esse mal estar de você.

Ela se afastou levando a bandeja de café e me deu tchau.

Não demorou muito tempo, começamos a ouvir sirenes do corpo de bombeiros; um segurança, correndo, pediu que deixássemos tudo do jeito que estava.

— Vamos sair rápido daqui, vocês vão esperar por ajuda na cobertura do prédio.

Ele ia à frente e animava as pessoas dizendo:

— Vamos lá, não tenham medo, é um pequeno incêndio, por isso os elevadores e as escadas não podem ser utilizados. O resgate vem nos buscar, fiquem calmos. Começamos a subir as escadas em fila, o cheiro da fumaça incomodava, muita gente tossia e espirrava.

Chegamos no andar de cima e ficamos numa sala. O segurança nos orientava, lavamos o rosto e pegamos todos os recipientes da sala e enchemos com água, colocamos num canto.

Nós nos demos as mãos e rezamos juntos. As janelas de emergência foram abertas, o segurança transmitia muita confiança para nós. Ele recomendou que deveríamos sentar em círculo e rezar de olhos fechados.

— Concentrem-se e só pensem em coisas boas, não se desesperem, todos vamos sair daqui, se Deus quiser!

Algumas pessoas choravam, outros queriam ir ao banheiro, estavam com dor de barriga, outros vomitavam. A única pessoa que parecia não estar abalada era o segurança; vendo seu desempenho, pedi a ele para ajudar a levar as pessoas até o banheiro. Havia gente que não se agüentava mais de pé.

Em determinado momento, o segurança nos pediu:

— Acalme-se, pessoal, pelo amor de Deus relaxem, o socorro está chegando, vamos manter a calma, pelo amor de Deus! Reparem, eu e a Simone estamos aqui com vocês. Vamos pedir a Deus que possamos sair daqui todos bem.

Foram momentos de agonia, tantos gritos, tanto desespero, o cheiro de queimado, e a fumaça sufocava. Ajudei seu Carlos a molhar o papel-toalha e colocar nos olhos das pessoas. Ele corria de um lado para o outro incansavelmente; naquela hora compreendi o valor e o esforço daquele trabalhador, que eu sabia ser casado e ter duas filhas gêmeas ainda pequenas.

O barulho do fogo parecia tiros de metralhadora, era como se estivéssemos numa guerra, ouvíamos as coisas explodindo. Logo a nossa sala foi invadida por outras pessoas desesperadas.

Todos perderam o controle, não tínhamos mais como controlar a situação. A sala estava empilhada de pessoas desesperadas. Socavam as janelas, começaram a jogar coisas no ar. Por mais que gritássemos pedindo calma, eles não ouviam.

Eu me sentei num canto, o calor e a fumaça já faziam seus efeitos. Pessoas desmaiando, nós tentávamos molhar papel higiênico e colocar nas narinas deles.

O calor se tornava insuportável, o socorro não chegava. A fumaça entrava pelo vão da porta, o teto começou a tremer; tudo tremia, os gritos vinham de todos os lados, barulho de avião, bombeiros, e das pessoas desesperadas.

Vimos as primeiras labaredas entrando pelas janelas, o barulho das coisas caindo, estourando, era um pesadelo tudo aquilo.

Muitas pessoas desmaiadas, outros conscientes e desesperados, alguns correram até a janela que parecia estar em brasa, e nem precisaram e nem pensaram em se jogar, pois foram simplesmente arrastados pelo fogo, começaram a cair pelas janelas em chamas.

Um cheiro forte de carne queimada invadia a sala, eu sentia náuseas.

Dei a mão ao senhor Carlos, ele já estava sem camisa e sem as botas, tinha retirado as balas do revólver e jogado tudo pela janela. Suava muito e respirava com dificuldade.

Sentamos de mãos dadas orando, era um pesadelo. Pensava em minha mãe e no seu desespero, pedia ajuda aos mentores espirituais. E assim rezando, apertando a mão do segurança, comecei a ouvir os gritos, cada vez mais distantes. Vi o senhor Carlos aos poucos ir amolecendo e desmaiar.

O fogo lambia tudo, do chão se levantavam grandes labaredas, o cheiro era insuportável. O barulho das lâmpadas e máquinas era ensurdecedor, senti medo, estava rodeada de mortos. Eu também iria morrer, ainda senti duas lágrimas quentes escorrendo do meu rosto. Pensava em minha mãe, nos meus irmãos e nos meus sonhos. A minha vida acabava ali, então Mara tinha razão quanto ao que tinha visto.

Fechei os olhos pensando em Deus, vi cair o lustre perto de mim, meu peito se fechou, senti sono, não vi e nem senti mais nada.

Nova condição de vida

— Meu Deus! O incêndio não foi um sonho! Foi real. Meu Deus, eu estou morta! Eu morri! Morri! Comecei a gritar.

Thaís tentava me acalmar, vi que ela apertou um botão, logo entrava correndo um médico jovem e bonito, acompanhado de uma enfermeira.

Sustentando-me, ele pedia:

— Acalme-se, Simone! Nós estamos aqui para ajudar você.

— Clarisse, prepare o sedativo, ela precisa descansar.

Eu chorava e gritava:

— Não quero sedativo nenhum! Quero voltar para casa agora! Por favor, me ajudem! Eu estou sonhando! É um pesadelo, tenho certeza, eu não posso ter morrido, isso é um sonho. Soluçando eu olhava em volta daquele quarto, não acreditava no que havia acabado de ver, em minhas lembranças.

O médico aplicou-me uma injeção, aos poucos fui amolecendo os braços, as pernas; o médico me olhava, as duas moças enxugavam a minha testa. Ouvi o médico falar:

— Precisamos ter paciência com ela, aos poucos ela vai retomando a razão e aceitará a sua nova condição de vida.

Adormeci, ouvindo uma música calma e tranqüila que parecia vir de longe.

Não sei quanto tempo dormi, acordei ouvindo a mesma música distante. Não abri os olhos, apenas me perguntei onde estava, o pesadelo estava voltando... Tentei ouvir o barulho da minha casa, tentei sentir o cheiro do café da minha mãe, senti um cheiro de rosas e apenas aquela música quebrando o silêncio.

Abri os olhos devagar, aquele quarto não era o meu, mas não me era estranho! Um raio de sol batia na cortina, olhei em volta e comecei a me lembrar perfeitamente da minha situação atual.

A porta do quarto se abriu, e vi Thaís entrando. Com um sorriso doce, ela me deu bom dia! Respondi o seu bom dia, sentando-me na cama.

— Thaís, há quanto tempo estou aqui?

— Você chegou aqui há mais ou menos três meses, veio do hospital "Lar Sagrado Coração de Maria". Foi trazida pela equipe do doutor José. Enquanto ela me dava detalhes da minha chegada, eu recordava que no Centro tínhamos um médico que se apresentava com esse nome, seria ele? Pensei, mas não perguntei.

— Desculpe-me, Simone – disse Thaís –, eu estou tão emocionada quanto você, vou tentar explicar melhor. Como morreu, você já sabe, não sofreu no desencarne como muitos pensaram. Você foi socorrida pelos mensageiros de resgate e levada para o tratamento adequado. Recebeu os primeiros socorros naquela colônia e nos foi entregue, agora está plenamente consciente e deve reiniciar a sua nova jornada.

As últimas lembranças do incêndio me vieram à cabeça:
— E onde está seu Carlos? Lembro-me de que estávamos de mãos dadas, rezando.
— Ele está bem, foi transferido para uma colônia onde residem muitos de seus familiares; fique tranqüila, ele está amparado. Todos estão bem.
Quanto ao que posso lhe dizer sobre aqueles que ficaram, vou citar a sua mãe como exemplo. Ela sofreu muito, quando você desencarnou, mas amparada pelos amigos espirituais e carnais conseguiu se equilibrar. Ela está cada vez mais se firmando na missão de zelar e amparar seus irmãos. Ora por você todos os dias e sabe que você está bem. Como diz ela hoje, os anjos não podem ficar muito tempo em terra, eles fazem o seu trabalho e retornam para casa. Não era de anjo que sua mãe a chamava em terra?
— Sim, era – respondi sem poder controlar as lágrimas que desciam.
— Para que você fique tranqüila, vou lhe passar alguns dados sobre como vive a sua família neste momento atual. Com o dinheiro do seu Seguro de Vida, sua mãe, orientada pela sua tia Alzira, comprou uma casa e está recebendo um salário que dá para ir vivendo, como quando você estava em terra. Você a deixou amparada, Simone, está tudo bem.
Em silêncio eu chorava, uma tristeza imensa invadia a minha alma, eu queria voltar para casa...
— Como você está se sentindo? – perguntou-me Thaís.
Olhando para ela, respondi:
— Estou ciente da minha situação, Thaís. Preciso ter forças e aceitar a minha nova realidade, porém o meu desejo é correr de volta para casa; diga-me que isso é um sonho!
— Você quer que chame o médico?
— Não, eu preciso ficar acordada. Eu estou bem, fique sossegada.

— Vou deixá-la um pouco sozinha, para que reflita sobre tudo isso, mas estou aqui do lado, se precisar de mim é só chamar. Aí do seu lado direito tem esse pequeno aparelho, é só apertar o botão laranja, se precisar de alguma coisa. Agora que já sabe onde está e quem é, tudo vai se tornar mais fácil, é uma questão de tempo.

Lembra-se de quando você deixou o interior e foi para a cidade? É mais ou menos a mesma coisa, você foi feliz e fez muita gente feliz em terra, mas mereceu esta grande oportunidade de estar aqui. E agora vamos lutar para um dia ter a sua família reunida; como você fez em terra, faça o mesmo aqui: trabalhe!

Ah! Beba bastante água e sucos de frutas, tem aí do seu lado. Esse armário contém objetos pessoais que você pode usar, tem livros ali na estante, e eu estarei por aqui. Descanse mais um pouco, se quiser companhia, é só me chamar!

Thaís me deu um beijo no rosto e me incentivou:

— Coragem, irmãzinha, está tudo bem e vai ficar melhor, confie em Deus.

Fiquei parada por longo tempo, olhando à minha volta, tocando-me, era eu mesma. Estava viva, levantei-me, fui ao banheiro, olhei-me no espelho, estava normal, nada de divino aconteceu com o meu corpo, até as marcas das espinhas estavam lá no meu rosto, era eu mesma.

Lavei o rosto, abri o armário e deparei com aquela roupa nova que eu havia comprado com tanto gosto, o meu despertador que eu comprei com tanto orgulho, meu relógio de pulso, o romance que eu estava lendo com uma foto da minha mãe com os meus irmãos, eu usava como marcador no livro. Estava exatamente na folha onde parei a leitura.

Se eu estava morta em uma colônia espiritual, como esses objetos foram parar ali?

Meu Deus, eu precisava falar com alguém! Não era verdade que eu estava morta, alguma coisa errada estava acontecendo.

Onde estaria minha mãe? Minha tia Alzira? Por que nenhuma delas estava ali para me ajudar?

Uma tristeza imensa foi tomando conta de mim, senti uma pontada no peito, minha cabeça doía muito, fiquei sem ar. Tudo foi ficando escuro, escutava gritos e gemidos a minha volta, entrei em pânico. Antes de desmaiar, lembro-me de que apertei o botão laranja, a dor era forte, o meu corpo ardia, perdi a noção de tudo.

Acordei lentamente ouvindo uma música suave, abri os olhos e percebi que respirava com ajuda de um aparelho. Havia outros aparelhos ligados no quarto do hospital. Eu nunca tinha entrado numa UTI, mas pelo que me falavam sobre isso, eu percebi que estava num quarto de UTI.

Meu corpo parecia estar adormecido. Será que fui anestesiada?

Olhei à minha volta, o quarto estava iluminado por uma luz muito suave, variava entre o lilás, azul e o verde. O barulhinho suave dos aparelhos dava uma sensação de paz.

Enquanto examinava o local, vi dois médicos entrando na sala. Eles se aproximaram de mim, um deles me deu um bom dia cheio de alegria! Olhando-me nos olhos, aconselhou-me:

— Fique calma, respire normalmente, estamos aqui para ver como está essa linda mocinha!

Aquele médico jovem e bonito me chamou a atenção: tentei me lembrar de onde o conhecia. O outro era um senhor de cabelos grisalhos e muito simpático.

O jovem médico passou um aparelho pelo meu corpo, o aparelho estava a mais ou menos 30 cm de altura, ia da cabeça aos pés e voltava dos pés à cabeça. O outro médico perguntou:

— E então, Marcos?

— Ela está reagindo bem, doutor Sérgio! Porém é conveniente continuar o tratamento por mais um tempo.

Colocando a mão sobre a minha testa, o médico de cabelos grisalhos informou:

— Logo, logo, você deixará este quarto. Nós vamos aplicar uma injeção para você se recuperar ainda mais depressa.

Aí eu reparei que no seu avental estava escrito em azul: "Colônia Sagrado Coração de Jesus". Tentei me lembrar onde já tinha ouvido aquele nome, não conseguia me lembrar. O médico jovem, tocando de leve em meu rosto e fitando-me nos olhos, asseverou:

— Estou muito feliz em poder ajudá-la, Simone.

Eu já tinha visto aquele rapaz em algum lugar, só não conseguia me lembrar de onde!

— Vamos estar olhando por você; o outro médico passando algo gelado em meu braço aplicou-me uma injeção.

Um tanto sem noção do que estava acontecendo fui adormecendo. Era uma sensação boa, olhando para os médicos fui fechando os olhos e dormi.

Um dia, acordei ouvindo um coral de vozes, cantavam Ave Maria; pelo som não parecia estar longe. Olhei a minha volta, aquele quarto não era o meu!

Vi a janela entreaberta, uma cortina florida balançava lentamente...

Com certeza eu já tinha visto aquela cortina em algum lugar, mas onde? Fui coordenando minhas idéias, eu sou Simone, trabalho na empresa "X", tenho minha mãe, meus irmãos.

Não, desta vez ninguém vai me enganar! Vou me levantar e cuidar da minha vida.

Sentei-me na cama, passei as mãos nos cabelos, estava vestida numa camisola rosa de mangas longas. Levantei-me e decidi que iria tomar um banho e sair daquele quarto.

Tomei banho, escovei meus cabelos, vesti-me e olhei-me no espelho. Estava muito bem, eu mesma gostei da minha aparência. Vi um relógio na parede e me perguntei:

— Será que está certo?
Um sinal luminoso me chamou atenção, estava escrito: "Colônia Sagrado Coração de Jesus". O relógio marcava as horas: meio-dia e cinquenta e cinco minutos.
Thaís entrou sorrindo:
— Olá, Simone! Você está linda! Vamos descer?
Sem esperar resposta, ela me puxou pela mão e eufórica dizia:
— Venha até a janela, repare o que está acontecendo lá embaixo! Muitos jovens, todos elegantemente vestidos, assistiam a um show ao vivo, no lindo jardim enfeitado de estrelas.
— Vamos, Simone! Há pessoas de outras colônias aqui! Eu vou lhe confessar algo: há bastante tempo sou apaixonada por uma pessoa que vem aqui nestas ocasiões, não sei nada sobre ele, mas quando nossos olhos se encontram não dá para segurar.
A gente segura tudo, menos a força do amor! Eu amo esta pessoa, nunca tive coragem de revelar isso a ninguém, mas estou contando para você, e espero que nos tornemos verdadeiramente irmãs.
Olhando para o jardim, vi aquele rapaz. Puxando o braço da Thaís, perguntei-lhe:
— Ele é médico, não é?
— De quem você está falando? Tem tantos médicos ali.
— Aquele de camisa bege e calça preta!
— Ah! Doutor Marcos! Esperta, hein, Simone?! Eu sinceramente acho que ele é o médico mais bonito dessa colônia, graças a Deus que meu coração bate por outro.
Enquanto você esteve em tratamento intensivo, ele a visitava todo os dias; bem, ele faz isso com todos os internos. É aplicado demais. Vamos então?
Sem fazer perguntas, acompanhei Thaís, entramos no

elevador onde havia duas garotas. Thaís me apresentou:

— Esta é Simone, nossa nova colega. Elas me apertaram a mão desejando-me felicidades e dando-me boas-vindas.

Ao deixarmos o elevador, saímos num salão bonito, colorido e animado, onde jovens conversavam alegremente. Com a nossa chegada, eles pararam e ficaram respeitosamente ouvindo o que Thaís falava:

— Esta é a Simone, conto com todos vocês para ajudá-la nesta nova caminhada.

Todos vieram apertar a minha mão.

— Seja bem-vinda, Simone, estamos aqui para ajudá-la, conte conosco. Cada um foi se apresentando, um jovem simpático e alegre me disse sorrindo:

— Eu sou o Francisco, mas pode me chamar de Chico, e depois, gente, ela não vai lembrar o nome de todo mundo! Eu que já estou aqui há vinte anos ainda troco o nome de vocês!

Olhei para ele e imaginei: ele não aparenta mais que 25 anos de idade. Se aqui não existem crianças, como ele está aqui há vinte anos? Realmente vejo que ele é muito brincalhão.

Deixamos o salão e fomos até o jardim, havia uma multidão. Na verdade eu não havia notado toda beleza e extensão daquela colônia. Havia muitos prédios e um parque com grandes arbustos, um lago cortava o parque; não dava para ver o seu tamanho. Estava lotado de pessoas sentadas em bancos, na grama, na beira do lago, passeando, alguns jovens de mãos dadas.

Reconheci entre uma roda de homens o médico de cabelos grisalhos e devo ter ficado vermelha, quando deparei com o doutor Marcos. Ele conversava alegremente, sorriam animados, ele e duas moças lindíssimas.

Quando o médico de cabelos grisalhos me viu, pediu licença aos demais e veio até mim:

— Olá, Simone! Seja bem-vinda! Não sabe como fico

contente em vê-la aqui entre nós. Cumprimentou Thaís com um aperto de mão e pedindo licença a ela convidou-me:

— Venha aqui, Simone, quero apresentá-la aos colegas, esperamos que você não precise dos nossos cuidados, mas, se precisar, já conhece a equipe médica da nossa colônia.

Foi apresentando-me aos médicos, entre eles muitas mulheres, muitas enfermeiras e enfermeiros. O doutor Gaspar me levou até Marcos, este apertou minha mão, nossos olhos se encontraram e meu coração disparou! Nunca havia sentido por ninguém uma emoção tão grande.

O doutor Marcos me apresentou as moças:

— Essa é a doutora Camila, e essa é a doutora Vânia, ambas nossas visitantes.

A doutora Camila tinha os olhos verdes e um rosto iluminado, tudo nela era perfeito. Quem achava que meu cabelo era bonito, se visse aqueles cabelos loiros brilhando como fios de ouro, não iria mais dizer que o meu cabelo era perfeito e invejável.

Apertando a minha mão, ela disse:

— Então você é Simone? Um lindo nome, combina em tudo com você; desejo toda sorte para você, minha querida, se eu puder ajudá-la em alguma coisa, conte comigo.

Fiquei enciumada. Marcos sorria para mim, e Camila continuou falando:

— Você é uma garota de sorte, essa colônia é maravilhosa e tem um médico que é um espetáculo! Fiquei vermelha.

— Desculpe-nos, Simone, pela brincadeira, é que eu e o Marcos, quando nos encontramos, ficamos voando no tempo, a nossa vontade é que o tempo não passe.

Dei graças a Deus que o doutor Gaspar me levou para o outro lado, apresentou-me a outros trabalhadores do laboratório, entre eles lá estava o Chico! Ele gargalhava, era uma figura!

— Eu te disse, Simone! Você vai ficar louca com tantos Franciscos, Josés, Gaspares, Marcos e tais e tais...

Após as apresentações, eu e a Thaís fomos caminhar, mas a minha vontade era estar acompanhando o Marcos e a Camila. Senti mais uma pontada de ciúmes. Eles se amavam, foi isso o que ela me disse; eu é que estava sendo tola. Onde já se viu se apaixonar por alguém assim, sem mais nem menos?

Thaís me puxou pelo braço:

— Ali está o meu príncipe encantado, o nome dele é André, morro de amor por ele...

— Vamos lá falar com ele? – eu perguntei.

— Não, eu morro de vergonha!

— Espera aí, Thaís! Se ele vem aqui de vez em quando, e você nem ao menos lhe dá as boas vindas, talvez ele pense que você não se importa com ele. Agora você tem uma boa desculpa para ir até lá, esqueceu que está me apresentando?

— Estou com as pernas bambas, você viu como o amor deixa a gente desnorteada? Eu estava realmente esquecendo dos meus deveres.

Fomos até o grupo de jovens que conversavam embaixo de uma árvore florida. Quando nos aproximamos, notei como ele a olhava. Ao apertarem as mãos, os dois transpiravam, uma das moças que estava com ele deve ter notado o que se passava entre eles, pois ela tomou uma iniciativa:

— Gente, vocês estão ouvindo a música? Vamos dançar? Que bom que agora podemos formar pares!

— Simone, você dança com Pedro? Era um rapaz simpático e muito cavalheiro.

— Thaís dança com André, temos que aproveitar este dia maravilhoso, se Deus nos concedeu, é para sabermos viver com alegria. Ali no parque os jovens passeavam de mãos dadas, dançavam, cantavam.

Quando terminou a música, eu pedi ao Pedro para me sentar, senti uma espécie de tontura. Ficamos sentados no banco enquanto os outros continuavam dançando, inclusive Thaís e André, que pareciam flutuar.

Pedro me perguntou:

— Você está se sentindo bem?

— Estou sentindo um pouco de tonturas.

— Talvez essa tontura tenha sido provocada por uma descarga de emoções. A emoção é o sintoma que mais derruba os espíritos ainda fragilizados. Procure controlá-la, minha amiga, e ouça-me: no plano carnal nossas emoções nos causam problemas, no plano espiritual, elas nos causam doenças.

Ficamos sentados conversando, ele me contou que estava na colônia vizinha há mais de trinta anos, mas equilibrado e consciente de sua nova condição de vida apenas há cinco anos.

— Dei muito trabalho aos nossos superiores — ele admitiu —, no entanto hoje estou bem, muito bem. Eu hoje trabalho auxiliando nos resgates, chego até a crosta terrestre, e, confesso, sinto medo só de pensar que alguém me leve até lá, e que eu possa encontrar algumas situações que jamais aceitaria. No início fui tentado a fugir, e desaparecer na escuridão, no sentido da Terra, mas graças a Deus me controlei. É muito comum aos espíritos que estão se ajustando terem algumas recaídas e fugirem em direção à Terra, como se isso fosse ajudar em alguma coisa.

— O que você não aceita, Pedro?

— Desencarnei muito jovem, num acidente de carro. Estava noivo de uma moça que vive dentro de mim até hoje, e sei que meu irmão mais velho era louco por ela, mas foi a mim que ela escolheu. Nós nos amávamos loucamente, íamos nos casar.

Jamais perdoaria os dois, caso estivessem casados! Seria uma traição para mim. Entenderia se ela tivesse casado com qualquer outro homem, mas com o meu irmão jamais!

Então Pedro sofria do mesmo mal que eu estava sentindo: ciúmes!

— Pedro, você já conversou com os seus superiores sobre isto?

— Não, nem quero falar. Temos os nossos direitos, e isso é um direito que me cabe. Eu vou esperar o tempo que for necessário por minha noiva, não tenho pressa. Jamais pude esquecê-la e não me interesso por mais ninguém, Vera é minha vida, ela mora dentro de mim...

Fiquei emocionada, um homem apaixonado que se alimentava de esperança e de saudade.

Os encarnados não imaginam que o espírito não morre, que deixamos um corpo carnal que é um fardo pesado e voltamos com a nossa essência espiritual refinada; todos os nossos sentimentos permanecem intactos. À medida que nos tornamos mais leves, ganhamos mais força e, estando fortes, temos mais condições de compreender os mais fracos. Quando estamos encarnados ficamos frágeis e sensíveis, pois o peso do corpo físico é um fardo pesado. Uma vez libertos desse peso, adquirimos forças que nos ajudam a alcançar equilíbrio emocional.

Ficamos trocando idéias, falei a ele que aquele era meu primeiro dia de adaptação, ainda estava muito confusa a respeito de tudo. Ele me aconselhou ficar calma e procurar não pensar no que deixei em terra, só assim iria me ajustar mais rápido e melhor.

Thaís e André estavam esquecidos do mundo, acredito que eles se entenderam, os dois não viam mais nada, dançavam olhando-se como se estivessem hipnotizados.

— Pedro, me fala uma coisa: há casamentos por aqui?

— Claro! A vida continua, menina! Dá uma olhada aí! Veja quantas pessoas apaixonadas! Dançando, se beijando, se amando. Eu me desliguei dos bens materiais e dos prazeres terrenos, aprendi a conviver com as minhas saudades, só não consigo me desligar dos meus sentimentos por Vera. Você namorava, era apaixonada ou coisa assim? – perguntou ele.

— Não, mas sonhava encontrar alguém que me amasse e que eu amasse também.

— Bom, em breve tenho certeza de que você vai estar tão apaixonada quanto a sua amiga ali, olhe lá! Os dois se entreolhavam.

Mudamos de assunto, e no meio de uma conversa eu perguntei:

— Você conhece a doutora Camila?

— Sim, conheço. Se não fosse tão apaixonado por Vera, ia andar de joelhos atrás dela. É linda, maravilhosa, um anjo. O sujeito que tiver a felicidade de ter a Camila por companheira pode dizer que o "céu não é para todos, mas quem consegue chegar até ele, jamais quer perder esta bênção".

Fiquei corada, um fogo queimava o meu peito, comecei a perder o fôlego. Pedro me levantou e perguntou:

— O que houve? Não se sente bem? Ele segurou minhas mãos. Vamos andar um pouco, você precisa caminhar.

— Vamos passear no jardim? Eu admiro a beleza e o bom gosto dos engenheiros do espaço. O nosso jardim tem o formato de uma lua cheia e brilhante, é maravilhoso você andar na lua! A técnica usada por nossos engenheiros é magnífica, é incrível o que eles desenvolvem por aqui.

— Você já se sentou numa das bancadas do jardim?

— Não, ainda não.

— Vamos lá, que quero te mostrar uma coisa.

Chegando ao jardim, vi Marcos de costas, ele estava com o braço nos ombros de Camila. Riam, nem notaram a nossa passagem. Enchi os olhos de lágrimas, senti uma pontada no peito, ardia de ciúmes.

Pedro falava e mostrava detalhes, eu sinceramente nem prestava atenção. Só passado algum tempo é que notei que, olhando e andando no jardim, não dava para ver e nem sentir o seu movimento. Sentei-me e vi que todas as estrelas do jardim brilhavam e de repente eu estava dentro de um céu azul.

Um verdadeiro espetáculo! As estrelas mudavam de lugar, conforme elas mudavam as pessoas voavam com elas. Então estava explicado o porquê de os jovens rirem tanto, quando estavam sentados ali.

Conhecendo novos fatos

O sol já baixava no horizonte, os primeiros raios já se escondiam entre as árvores, as últimas caravanas deixavam a colônia. Thaís estava corada e radiante, despedia-se de André, este prometendo que não demoraria a voltar.

Ele entrou no moderno veículo, ela ficou junto de mim. Das janelas do micro-ônibus flutuante, os outros jovens gritavam:

— Camila! Você vai ficar? Vamos seguir, garota!

Ela veio correndo e rindo, estava de mãos dadas com Marcos. Ele entrou com ela no ônibus, não deu para ver se os dois se beijaram, havia cortinas nas janelas. Em seguida, ele desceu do ônibus e este começou a levantar vôo, e vinha em nossa direção.

Puxei Thaís pelo braço:

— Vamos voltar? Estou me sentindo um pouco cansada.

— Perdão, Simone, vou levar você ao seu quarto, precisa se alimentar, deve tomar sucos de frutas e ingerir uma sopa. Quando você recuperar as suas forças, eu vou te contar tudo!

Na verdade o que eu queria mesmo era fugir do Marcos, a felicidade dele me incomodava. No quarto tomei banho, e

Thaís pediu uma sopa quente para nós; um rapaz nos trouxe uma sopa de legumes maravilhosa, o cheiro estava apetitoso.

Sentamos e tomamos nossa sopa, ela contou que André confessou o seu amor por ela, agora ia conversar com os nossos superiores e também com seus pais adotivos. Ela transbordava de felicidade.

Engoli seco, antes de formular a pergunta que tanto desejava fazer:

— O doutor Marcos e a Camila são namorados?

— Sinceramente eu não sei, vejo que os dois são inseparáveis, de vez em quando ele vai visitá-la e vice-versa. Nunca fiquei sabendo o que há entre eles. Por que me pergunta isso? Interessada no doutor Marcos?

— Imagine, Thaís, é apenas curiosidade, pois vi os dois juntos o tempo todo.

Thaís olhou no relógio da parede e apertou um botão, surgiu do nada uma tela gigante. Num Templo maravilhoso estavam reunidos vários religiosos orando, homens e mulheres. Fiquei observando a cena sem entender nada.

Thaís então me disse:

— Simone, assim que os mentores saírem do Templo, nós vamos acompanhar o mestre, devemos ajudá-los em tudo o que for possível.

Ficamos sentadas em silêncio, uma música suave e um cheiro de rosas chegava até nós. Os religiosos deixaram o Templo, na saída, todos eles apertavam as mãos uns dos outros.

Todos vestidos em indumentárias diferentes.

Logo mais vimos cada um deles entrando num Templo diferente, uma multidão os acompanhava. Thaís apertou a minha mão e disse-me:

— Vamos, feche os seus olhos e pense fortemente em Deus.

De repente já não estava no quarto, mas acompanhando os mestres e outros irmãos.

Chegamos em frente de um Templo com a seguinte inscrição: "Bem-vindos à Casa de Deus". Prosseguimos e reparei que todos os Templos eram vizinhos, tinham a mesma legenda e o mesmo formato.

Entramos e sentamos em poltronas confortáveis, logo os trabalhadores deram início à sessão. Eu fechei os olhos, parecia estar no Centro Espírita com minha mãe e tia Alzira.

Os mentores passaram muitas mensagens de conforto, cada um deles abordava um assunto. Na Terra falávamos do plano espiritual, no plano espiritual falávamos de uma nova vida, da necessidade de resgatarmos o nosso "EU".

De olhos fechados, ouvi um mestre abençoando os filhos presentes e pedindo ao Pai por todos os Templos erguidos em Seu Santo Nome.

Eram as mesmas palavras do doutor José, que trabalhava no Centro Espírita que eu freqüentei em terra.

Com os olhos fechados eu parecia estar em terra, de mãos dadas com minha mãe. Lembrava perfeitamente das primeiras palavras do doutor José, quando chegava no Centro, eram assim: "Deus Nosso Pai, Vós Sois Poder e Bondade, dai-nos forças para este trabalho, abençoai cada irmão aqui presente. Boa noite, meus irmãos, estamos aqui mais uma vez reunidos para darmos graças a Deus. Uma oportunidade como esta se torna inesquecível! Pois é uma honra, uma glória, uma bênção maravilhosa poder servir Aquele que nos serve todos os dias: Deus, Nosso Pai".

Todas as mensagens daquele mestre eram tão parecidas com as mensagens deixadas pelo doutor José... A suavidade de sua voz nos transmitia uma paz sem limites; que saudade daquele a quem tanto amei. Na prece de encerramento uma mestra agradeceu aos mentores, ia falando nome por nome de cada um deles e, por fim, ela acrescentou:

— Ao querido mestre José, nossos sinceros agradecimentos por sua nobre passagem entre nós. Olhei para aquele bondoso senhor e me perguntei: seria ele? Não tinha vidência, nunca soube como ele era.

A mestra educadamente nos disse:

— Os instrutores estarão nas salas ao lado, os que desejarem receber fluidos espirituais podem se dirigir até aqui, que vamos encaminhando um por um. Eu e Thaís entramos na fila.

A simpática moça que iria me conduzir à sala dos passes ungiu-me com um óleo perfumado, depois me disse amavelmente:

— Jesus esteja contigo sempre.

Ela abriu a sala e me convidou a entrar, eu estava diante do mentor José. Ele foi o último mestre que se apresentou, suas palavras eram idênticas às do doutor José que atendia no nosso Centro.

Ao entrar na sala, ele abriu os braços para mim, exclamando:

— Simone, minha filha, que Deus seja louvado! Fico feliz em vê-la tão bem!

— O senhor me conhece?

— E você não me conhece, filha?

Eu abracei meu amado pai José, chorando de alegria. Naquela colônia maravilhosa, no meio de tantas pessoas amáveis, eu me sentia só, e de repente encontrava alguém que eu conhecia, a quem amava e em quem confiava. Ele me amparou em terra, era ele mesmo, pai José, agora eu iria pedir a sua proteção ali.

— Sente-se, filha, beba um pouco dessa água, e vamos conversar de espírito para espírito.

Estava muito emocionada, aos poucos me acalmei. Reparava nele, estava deslumbrada. Ele me fitava, seus olhos azul-claros, calmos e serenos, seus cabelos grisalhos, um corpo franzino e a voz de anjo.

— Simone, minha amada filha, você já foi informada sobre o seu resgate e há quanto tempo já está aqui na colônia?

— Eu estou consciente de minha situação, sei que dei muito trabalho, sei como desencarnei, agora, quanto ao tempo que estou aqui já não tenho certeza. Quero agradecer por toda ajuda que recebi do senhor, sei que foi o senhor quem me resgatou, sei que desencarnei naquele incêndio. Ainda não estou suficientemente preparada para falar sem emoções sobre esta passagem.

Fui informada de que fiquei dormindo e acordando, tentando me enganar que estava sonhando, não queria aceitar a minha morte física. O senhor sabe que deixei minha mãe e dois irmãos tão pequenos, justo na hora que a vida começava a sorrir para nós, ainda é difícil para mim, pai José.

Ele segurava minhas mãos e me incentiva a falar. Por fim, já chorando, pedi:

— Pai José, eu sei que não posso e nem devo querer interferir nos planos de Deus, mas me ajuda, por favor! Se for possível, meu pai, me dê notícias de minha mãe e dos meus irmãozinhos!?

— Eles estão muito bem, Simone, você sabe que eles ficaram amparados. Graças a Deus eles superaram a sua ausência física, você continua viva aqui e em terra nos corações daqueles que aprenderam a amá-la.

— Sinto uma saudade imensa de minha mãe, pai José. Ela continua indo às reuniões lá no Centro?

— Sim, filha, ela continua trabalhando naquele Templo. Seus irmãos também freqüentam semanalmente aquela casa. Sua mãe está bem de saúde! E muito ligada a você.

— Pai José, onde o senhor mora?

— Moro no coração de Deus, filha. Como dizem nossos irmãos, eu faço excursão aqui e ali. Não tenho residência fixa em nenhuma colônia, ando por todas elas, todas elas são minhas casas, todos os filhos de Deus são meus filhos, sou irmão de todos os irmãos e companheiro dos companheiros de jornadas.

Ele me aplicou um passe, senti-me flutuar.

— Simone, filha, você ainda não me perguntou há quanto tempo deixou a Terra? Não gostaria de saber?

Fiquei parada com medo de saber a verdade, será que já se havia passado um ano? Meus irmãos estavam freqüentando o Centro, pensei. Dois anos? Três? Realmente eu não tinha noção do tempo.

— Eu não perguntei por medo de saber a verdade, mas acho que tenho que trabalhar com esta verdade. Quanto tempo faz, pai?

— Já faz cinco anos que você está aqui, nesta colônia. É hora de recomeçar sua vida e reaver os seus valores, é por isso que eu estou aqui também.

Levantei-me assustada, não podia ser verdade!

— Tenha calma, minha filha – disse ele, fazendo-me sentar novamente.

— Pai José, não é possível que eu esteja aqui há cinco anos!

— É possível e verdadeiro, você está aqui há cinco anos – ele garantiu. — E devo alertá-la de que antes de vir para esta colônia, você passou por tratamento de recuperação em outra colônia, onde esteve um longo período desacordada.

— Meu Deus, eu morri há cinco anos atrás!

— Não, você não morreu, você voltou para casa há cinco anos – corrigiu-me pai José.

Comecei a sentir tonturas e ânsia de vômito. Ele misturou algo num copo com água e pediu-me para beber. Logo passou o mal-estar.

— Simone, de hoje em diante quero que você comece a freqüentar as aulas que são oferecidas na colônia. O que você iniciou em terra vai continuar fazendo aqui: estudando! Somente aprendendo é que temos a chance da evolução.

Eu já conversei com seus superiores sobre a possibilidade de, no futuro, você ser transferida para a colônia onde reside Camila enquanto aguarda seus familiares. Mas tudo vai depender de você, filha.

— Por que vim para esta colônia, se aqui não tenho ninguém da minha família, pai José?

— Porque Deus é sábio, justo e misericordioso, e sempre nos dá grandes chances. Esse foi o motivo de sua permanência aqui. Além disso, o seu tratamento requer ajuda que esta colônia pode fornecer.

— Eu tenho meu pai que faleceu quando eu era ainda menina, dos outros parentes não me lembro, mas, se meu pai está próximo de mim, por que ele não vem me ver?

— Simone, aqui nós não pedimos o que queremos, nós recebemos o que precisamos!

Se os seus superiores acharem que é conveniente uma transferência, eles farão, se não for necessário, você permanecerá aqui.

As cenas do incêndio me vieram à cabeça...

— Meu Deus! O que aconteceu com a Sílvia? Ela estava no prédio aquele dia!

— Ela está bem.

Fiz uma breve reflexão: tinha tanta gente ali, meus colegas, a Mara, eu estava de mãos dadas com seu Carlos... Onde estariam eles?

— Todos foram socorridos, todos passam bem – ele assegurou.

— Pai José, o senhor poderia me adiantar: entre os meus parentes, quem eu poderei encontrar? Eu estou tão confusa, preciso encontrar quem me ame... eu disse isso pensando em Marcos.

Lembrei-me de como ele e a Camila estavam felizes. E, se eu fosse transferida para a colônia onde ela morava? Ah! Não! Deus me livre!

Lembrei-me de que Pedro havia me falado de sua colônia, Camila também morava lá.

— Pai José, eu tenho chances de encontrar meu pai?

— Filha, acalme-se, lembremos das lições aprendidas ainda em terra, nós temos parentes, amigos e conhecidos em muitas partes do universo.

Eu de fato estava confusa, precisava me encontrar.

Assim que me despedi de Pai José, encontrei Thaís à minha espera, ela perguntou:

— Tudo bem? Respondi afirmativamente, balançando a cabeça.

— Dê-me a mão, feche os olhos, agora vamos retornar – ela convidou.

Tive a sensação de estar voando, de repente senti um choque de leve, percebi que estava sentada numa cadeira. Thaís falou:

— Pode abrir os olhos, já chegamos.

— Como foi que você fez isso?

— Isso o quê? – ela comentou rindo.

— Nós saímos do quarto sem caminhar e voltamos da mesma forma que saímos – respondi.

— Logo, logo, você vai aprender a se locomover de um lugar para outro! Em terra precisamos usar a força mental para orar, aqui usamos a fé para entrarmos nas correntes das orações. Em terra precisamos caminhar para chegar ao nosso destino, aqui flutuamos, para atingir nossos propósitos.

Você ainda precisa descansar um pouco mais, assim que eu receber as ordens superiores vou encaminhá-la aos nossos cursos, você vai se adaptando aos poucos. Vai se lembrar de você mesma e entender o que foi fazer em terra.

Uma tristeza imensa me invadiu o coração, sem me conter comecei a chorar e a falar:

— Eu não quero esquecer a minha vida, eu deixei pessoas queridas e importantes, não quero me desligar delas!

— Você não vai se desligar delas, pelo contrário, estará mais próxima delas! – esclareceu-me Thaís.

Ela foi até a mesa e pingou algumas gotas num copo de água e me deu para beber.

— Deite-se, Simone, quando você acordar vai se sentir melhor.

A janela do quarto estava aberta, o céu estrelado e uma bonita lua brilhava, o cheiro das flores envolvia o ambiente. Levantei-me, fui até a janela, debrucei-me e fiquei observando o jardim. Estava todo iluminado, a fonte jorrando água límpida sobre as flores, não havia ninguém sentado nos bancos.

Olhei para o céu, era tudo igual, a lua, as estrelas, eu também era a mesma, no meio de pessoas diferentes.

Pensei em meu pai, onde poderia estar ele? Por que não vinha me ver?

Sempre li que, quando desencarnamos, reencontramos nossos familiares, eu estava no meio de estranhos. Marcos era a única pessoa que tinha algum vínculo comigo. Apesar de não nos conhecermos da Terra, ele me parecia alguém muito familiar, eu o amava, embora soubesse ser um amor impossível.

Eu estava apaixonada por ele, mas do que isso me valia? Ele era apenas o meu médico, a própria Thaís havia me contado que ele tratava todo mundo bem. E, depois, existia a Camila! Senti um ardor nas faces, ao lembrar-me o quanto ela era bonita.

Marcos... Se o tivesse encontrado em terra, talvez tivesse mais chance do que na situação em que me encontrava como espírito.

Fui tomada por mil pensamentos, comecei a sentir uma ponta de tristeza e solidão. Comecei a chorar, senti tontura, voltei para cama, senti uma dor intensa no meu peito. Faltava o ar, minha cabeça doía. Apertei o botão de socorro, Thaís entrou correndo, acompanhada por Marcos. Os dois levantaram a minha cabeça, Marcos colocou algo em minha boca.

Thaís fazia massagens em meus pulsos, a dor do peito sumiu, comecei a respirar normalmente. Eles fizeram uma oração, Thaís alisava a minha fronte, pedindo que eu respirasse devagar, pensasse em Deus, em Jesus, na sagrada família.

Passado algum tempo, Thaís dirigiu-se ao médico.

— Que tratamento você recomenda, Marcos?

— Vou aplicar uma injeção e você procure ficar esta noite com ela; daqui a alguns minutos ela deverá dormir; amanhã, assim que despertar, por favor observe o seu estado, qualquer coisa me chame.

Marcos aplicou a injeção, eu queria gritar, mas não tive forças. Olhando-me e segurando a minha mão, ele me perguntou:

— Simone, por favor! Você sempre foi tão forte, o que está acontecendo agora?

Minha vontade era gritar: eu odeio você! Odeio você, porque você não me ama! A voz não saía. Adormeci com ele segurando a minha mão.

 *Vivendo o presente*

Acordei com uma música orquestrada linda e suave; sem abrir os olhos sorri imaginando: minha mãe está com o rádio ligado, hoje é sábado, vou descansar um pouco mais, depois vou levantar, tomar um café, vou sair com meus irmãos para fazer umas compras, quem sabe à tarde vamos ao cinema?!

Ainda de olhos fechados, tive uma sensação estranha, um sonho esquisito. Veio-me a imagem de Marcos, imagine, eu não sabia quem era essa pessoa; ele não trabalhava comigo na empresa, foi sonho mesmo.

Senti medo de abrir os olhos, fiquei ouvindo a música e procurei sentir o cheiro do café da minha mãe. Tentei ouvir o barulho da televisão, meus irmãos ficavam com o som baixo para não me acordar, não ouvi nada, apenas aquela música.

Resolvi abrir os olhos, meu Deus! Lembrei-me de quem era, e onde estava.

Thaís entrou no quarto, veio até mim.

— Bom dia, Simone! Conseguiu descansar um pouco? Vou ajudá-la a tomar um banho, e depois, se você quiser, pode ir tomar um café, você gosta de café, não é verdade?

Tomei um banho maravilhoso, senti-me bem, vesti uma calça jeans e camiseta branca, calcei tênis, prendi meu cabelo e só então tive coragem de perguntar a Thaís:

— O que me aconteceu ontem à noite? Por que passei tão mal?

— Você provocou esta recaída, de repente caiu em depressão, ligando-se a sentimentos de tristezas, dúvidas e incertezas. O sofrimento atrai outros sofredores, você entrou na sintonia da dor, por isso passou tão mal. Quanto ao que você pensa que foi ontem, depende do que você chama de ontem...

— Venha cá – ela me chamou: olhe para o jardim!

Marcos me chamava e eu pedi:

— Vamos até lá?

— Antes de sairmos, vou avisar o doutor Eduardo, ele quer vê-la. Alguns minutos depois ele entrava no quarto, alto, moreno e muito bonito, com um sorriso nos lábios. Deu-me bom dia e perguntou:

— Como está, senhorita?

— Vou bem, doutor Eduardo, perdoe-me por todo trabalho que venho dando a vocês.

— Não se preocupe com o dia de ontem, filha, procure viver o presente; aproveite bem o seu dia de hoje, para estudar e planejar o futuro.

Fiquei envergonhada diante de tanta força e sabedoria, ele me deu muitos conselhos e, antes de sair, virou-se para mim:

— Simone, as coisas só acontecem nas horas certas. Não fique lamentando a ausência dos seus familiares, cada um deles está cumprindo uma tarefa importante e especial; procure fazer as suas tarefas e aguardar os acontecimentos. Nada vale a pena, se não soubermos viver e administrar o nosso tempo aplicando coisas boas e nas horas certas!

Ele se despediu, aconselhando-me a sair do quarto.

Desci com Thaís, entramos num salão onde os jovens se encontravam. Alguns tomavam chás, outros, sucos, café, etc.
— O que deseja? – perguntou Thaís.
— Quero café.

Logo após fomos até o jardim, encontrei Marcos, ele estendeu a mão cumprimentando-me. Fiquei corada, ele mexia comigo. Nunca tinha me apaixonado por nenhum rapaz, mas Marcos tinha algo especial que me atraía.

Uma senhora simpática veio até nós:
— Olá, meninada! Vamos cuidar da vida? Simone, seja bem-vinda, você está inclusa na lista dos novos alunos da colônia, deve ficar aos cuidados da Thaís e do doutor Marcos. Aqui é assim, nós adotamos uns aos outros, é ajudando aos mais fracos que nos tornamos fortes!

E olhando em cada um de nós, ela prosseguiu:
— Espero que não demore muito para cada um de vocês estar adotando outros irmãos.

Hoje nós vamos para o pavilhão número 3, vamos estudar o seguinte tema: nossas emoções após o desencarne! Legal, não é, turma? – assim ela concluiu, sorrindo.

Ao lado da Thaís, segui o grupo, eram mais de 1.500 jovens. O auditório enorme, aconchegante, iluminado e muito confortável. Tinha o formato de um disco, havia painéis por todos os lados.

Marcos veio sentar-se ao meu lado, no palco, dona Beatriz, a simpática senhora, nos informou que dentro de alguns minutos os nossos professores estariam chegando. Orientou-nos que no encosto do braço da cadeira havia um botão vermelho. Em todas as questões que nos deixassem dúvidas, deveríamos apertar o botão, que este registraria as perguntas em ordem de chamada. E, no final da palestra, os mestres verificariam pelo número registrado quem estava com dúvidas, a fim de sermos esclarecidos.

Abriu-se uma cortina e começaram a entrar os mestres: homens e mulheres, entre eles, jovens e idosos, todos simpáticos. Uma moça alta, morena, muito meiga e bonita foi apresentando os mestres e falando o nome de cada um.

Em seguida, ela começou a ler os nomes dos ali presentes: Marcos, cadeira "X", Simone "Y", Thaís "Z", etc. Fiquei impressionada como poderia saber todos os nossos nomes e onde estávamos sentados...

Como se lesse o meu pensamento, ela esclareceu:

— Pessoal, a vocês, que ainda são novatos por aqui, deixe-me explicar algo: em nossa colônia, todos os bens são comuns a todos e, em cada coisa que tocamos, somos imediatamente identificados.

Foi uma palestra extremamente proveitosa, mostradas cenas antes da reencarnação e após. Espíritos voluntários que, por livre vontade, iam ajudar as famílias a se reconstituírem e, logo após terem colocado estas pessoas no caminho certo, voltavam para dar continuidade ao seu trabalho espiritual.

O silêncio era geral, todos ouviam atentamente os ensinamentos.

Um dos mestres pediu que prestássemos bastante atenção nas próximas cenas, eles mostravam filmes de muitas passagens que revelavam as ligações entre famílias espirituais.

Foram apresentadas cenas envolvendo alguns irmãos que, ao retornarem ao corpo espiritual, ainda estavam ligados emocionalmente aos seus familiares. Ligações tão fortes, que víamos o indivíduo perdendo o controle e precisando ser socorrido. Fiquei vermelha, eu estava passando por isso.

No final dessa demonstração, Thaís falou baixinho no meu ouvido:

— Aperte o botão, você vai receber ajuda. Sem perder tempo, eu o fiz e fiquei tensa só em pensar que seria citada no final.

Assim que terminou a palestra, a assistente dos mestres anunciou:

— Agora vamos ouvir as dúvidas daqueles que apertaram os botões, vamos chamando por ordem. Todas as dúvidas ali foram esclarecidas e nos ajudaram muito. Chegou a minha vez, eu perguntei ao mestre:

— O que me aconteceu no dia anterior?

Ao que ele respondeu:

— As suas emoções carnais ainda estão bem afloradas, a prova é que, logo após você ter a oportunidade de ir visitar um dos pontos dos nossos encontros de trabalho, voltou ansiosa e deprimida. Ao invés de alegrar-se e animar-se, abriu a cortina do passado em busca de lembranças e sonhos que ficaram para trás. A partir de hoje, minha querida filha, você vai participar de todas as atividades da nossa colônia e, aos poucos, vai deixando para trás esta imagem pesada que ainda carrega dentro de você.

O ontem, como você assim chama, ficou para trás; olhe para frente daqui por diante e chame de hoje e amanhã.

Depois de toda lição ali aprendida, resolvi que iria mudar de vida. Jurei para mim mesma que iria estudar, trabalhar e tentar esquecer o passado, até que ele voltasse a ser presente para mim. Eu amava minha mãe, meus irmãos, e deixei muitos sonhos para trás; meu emprego, que conquistei com tanto sacrifício, porém, como foi dito, tristeza e revolta não me levariam de volta. Aquele incêndio acabou com todos os meus sonhos em tão pouco tempo, mas eu estava ali, viva e consciente, não estava era me ajudando.

Conforme as informações apresentadas para mim, já passados tantos anos, e eu parada no tempo. Eu tinha a impressão de dias e já eram anos e anos!

Olhei-me nas águas da fonte, vi o meu rosto, jovem e corado, não tinha envelhecido nada. Era a mesma jovem. Fiz as contas terrestres e exclamei: que loucura, meu Deus! Se eu estivesse em terra, já estava começando a ter rugas!

Comecei a rir e imaginei:

Se tudo se acabou lá em terra para mim, claro, preciso construir algo por aqui! Sou jovem, tenho que me preparar para a vida. Sentei-me num banco e fiquei observando alguns pássaros que voavam em torno das flores, os pássaros aqui não envelhecem, aqui nada termina, nada morre, só ficamos doentes quando atormentados pelo passado...

Estou no mundo da verdadeira vida, eu preciso encontrar essa força para viver.

Tudo ali era maravilhoso, os nossos pais adotivos aos nossos olhos pareciam mais velhos, porém, segundo a Thaís, eles adotavam os jovens e eram sempre os mesmos por anos e anos...

Nenhum deles ficava mais velho! Era o processo de vida de cada um.

Eu iria me esforçar, iria recomeçar uma nova caminhada. Não queria mais sofrer pelo Marcos, a carência afetiva me despertou sentimentos que nunca existiram. Ele tinha a vida dele, parecia-me feliz, tranquilo, e havia Camila. Quando pensava nela, estremecia, ela era linda e todo mundo a amava, menos eu! Por mais que eu tentasse pensar nela com carinho, era impossível.

Fiquei sentada ali no jardim não sei por quanto tempo, não quis a companhia de Thaís e nem mesmo do Marcos, que veio todo gentil, perguntando se eu queria falar, ele estaria ali para me ouvir. Respondi-lhe que queria ficar sozinha e colocar os meus pensamentos em ordem.

Ele me respondeu:

— Se precisar de mim, estarei a sua disposição, quero vê-la sorrir!

Ao vê-lo se afastar, pensei: como posso sorrir, amando

você desse jeito e você amando a Camila do jeito que vi vocês dois juntos?

Passei a freqüentar vários cursos, fui trabalhar ajudando no laboratório e logo estava envolvida com a rotina dos médicos. Passei a trabalhar diretamente com o Marcos, ao lado dele descobri como ele era amoroso com todas as pessoas, eficiente e amável. Tratava-me com um carinho especial, eu evitava ficar a sós com ele, mas, apesar do ciúme, sentia-me feliz ao lado dele.

Ali tudo era fantástico e divino, as coisas aconteciam na hora certa, tínhamos o sol, a lua e as estrelas, havia o dia e a noite, chovia e ventava, pássaros e flores enfeitavam a nossa colônia. O jardim era o nosso ponto de encontro, de vez em quando recebíamos jovens de colônias vizinhas, eles vinham cantar e trazer a beleza da música para nós, grupos de teatros também se apresentavam em nossos auditórios.

Muitos jovens internos namoravam, recebiam o consentimento dos superiores, andavam de mãos dadas, e víamos nos olhos de cada um a felicidade plena.

Por mais que eu tentasse esquecer ou ver o Marcos como irmão ou amigo, era difícil, eu o amava e desejava como homem.

À noite no jardim encontrei Thaís, ela estava mais bonita do que nunca, chamou-me de lado e falou baixinho:

— Simone, vou lhe contar algo maravilhoso, vou me casar! A única coisa que estou desde já sentindo é que preciso deixar a colônia depois de casada! Vou morar na colônia do André. Você vai me prometer que irá me visitar, aliás, eu não consigo entender o porquê de você nunca ter ido lá! Camila por várias vezes me perguntou por que você nunca visitou a colônia, eu sempre respondo a mesma coisa: ela vai assistir a um show musical, teatral, etc., essa desculpa já não está dando certo.

— Qual é o problema, Simone? Você não pode me falar? Corei e tentei disfarçar, ela pegou minhas mãos e fitando-me disse:

— Eu divido com você um espaço, uma vida, uma irmandade, e aprendi a conhecê-la e amá-la como minha verdadeira irmã, por isso me sinto no direito de falar-lhe o que penso; desde sua chegada nesta colônia, percebi que a única pessoa que lhe chamou atenção aqui foi o Marcos, você ama o Marcos e não quer assumir esta verdade! O que não dá para entender é o seu comportamento em relação a ele. Trabalham juntos, passam todo tempo um ao lado do outro e você tenta ignorar os seus próprios sentimentos. Quando o Marcos vai à colônia onde futuramente será a minha nova morada, eu sei que ele a convida sempre e você, como de costume, dispensa o convite dele. A Camila me disse isso Simone!

— Ah! Você e a Camila ficaram amigas íntimas? – gritei.

— E como você pensa que eu iria me sentir ao lado do Marcos e da Camila? Ainda não me desmaterializei totalmente para aplaudir a felicidade dos dois, sem sentir raiva, ciúmes – acrescentei.

— Simone! O que você está me falando? Sente ciúmes do Marcos com a Camila? Meu Deus! Que pecado.

Thaís olhava para mim e balançava a cabeça. Eu fiquei olhando para ela sem entender, acho que de fato eu ainda estava muito ligada aos sentimentos terrenos. Não me realizava com o amor dos outros, queria amar e ser amada!

— Olha, Simone, eu quero muito ajudá-la e, em primeiro lugar, pare com esses ciúmes tolos, só estão lhe fazendo mal. Marcos e Camila são os dois irmãos mais unidos do universo. Eles já reencarnaram como gêmeos por muitas encarnações; Camila é aquela luz maravilhosa que você conheceu e ele é essa luz que vive do seu lado.

— Você falou que eles são irmãos?
— Claro! Vai me dizer que você não sabia?
— Eu não sabia, sempre achei que Camila fosse namorada dele! Perguntei isso a você há bastante tempo atrás, lembra-se? – eu disse, corada.
— Lembro-me, sim. Naquela época eu não conhecia os dois tão bem, mas pensei que por você e o Marcos estarem trabalhando juntos, ele já havia lhe falado sobre Camila. Simone, você precisa prestar mais atenção no que se passa à sua volta! – repreendeu-me Thaís.

Senti uma alegria tão grande dentro de mim, a minha vontade era gritar, sorrir, voar... Então o Marcos não tinha namorada, não amava Camila do jeito que eu pensava?

Meu Deus! Eu precisava urgentemente pedir licença para ir à colônia onde morava Camila, abraçá-la e pedir desculpas pela minha ignorância.

— Thaís, você de fato só tem me ajudado, você me deu o maior presente do mundo! Eu amo o Marcos, sim! Sou capaz de mergulhar nas trevas, de me atirar no espaço por ele, mas sempre pensei que ele e Camila fossem namorados!

Puxando Thaís perguntei:
— Quando é que você vai à colônia?
— Pretendo ir, se Deus permitir, no próximo domingo!
— Eu quero ir com você e o Marcos!
— Muito bem, é assim que se fala! Vamos pedir uma permissão para sua viagem.

Naquela noite me arrumei com gosto, estava transbordando de alegria. Assim que me aproximei do salão onde os jovens conversavam e se apresentavam, pois diariamente chegava gente nova, vi que o Marcos me olhava. Pela primeira vez notei um brilho diferente nos olhos dele. Ele veio até nós:
— Thaís, Simone, venham sentar-se conosco, vamos ouvir um musical novo, acredito que vocês vão gostar.

Eu, que sempre estava de cara fechada perto dele e não olhava dentro dos seus olhos, respondi sem desviar a minha atenção:
— Aceitamos com prazer!

Pela primeira vez eu pude notar que ele me olhava, interessava-se por mim. Ele era amável com todos, lindo e solicitado, cobiçado pelas moças, porém me dedicava uma atenção especial; eu é que estava cega de ciúmes e não havia percebido o seu carinho.

Ao lado do Marcos nascia uma nova pessoa, uma nova Simone; naquela noite eu demorei a conciliar o meu sono, era felicidade demais! Nada mais me incomodava, eu estava feliz, muito feliz.

Chegou o domingo, eu fui com os outros jovens e, é claro, entre Thaís e Marcos. Camila nos esperava no portão, quando nos viu veio correndo, abraçou-me, deu-nos as boas vindas e virando para mim disse:
— Até que enfim! Pensei que você nunca aparecesse por aqui.

O lugar era divino, tudo era perfeito, bonito. Era impossível conhecer num só dia aquela colônia maravilhosa. Fui levada aos lugares mais importantes daquele lugar.

Entramos num mosteiro onde os monges oravam e entoavam um belo hino. Entre eles havia um monge, ele me olhou, senti um calafrio percorrendo o meu corpo. Tive a sensação de que já conhecia aquele senhor. Ele veio até nós, abraçou um a um:
— Sejam bem-vindos, meus filhos!

Tive vontade de chorar, os olhos dele eram tão serenos, transmitiam tanta paz!

Vi muitas coisas bonitas no mosteiro e, antes de nos despedirmos, o monge, apertando minha mão, exclamou:
— Deus te abençoe, amada filha, o amor de Jesus está entre nós e nos une para sempre!

Saí com o coração apertado, ele ficou parado olhando-nos; na porta do mosteiro, olhei para trás, ele me acenou. Comentei com Camila que eu tinha a sensação de que conhecia aquele monge. Ela propôs:

— Por que você não tira informações sobre ele?

— Será que eu posso fazer isso?

— Claro que pode, Simone. Aqui, nós nada temos a esconder um do outro, qualquer pessoa pode tirar informações minhas e suas, assim como temos o mesmo direito. Naturalmente que há limitações! Só podemos obter informações, quando suspeitamos que somos parentes de alguém, e aí recebemos a permissão para fazermos tal levantamento.

— Vamos até a secretaria falar com o diretor? – convidou-me.

Chegamos num prédio cercado por um belo jardim; um simpático jardineiro cuidava das rosas que desabrochavam majestosamente, colorindo nossos olhos. Um perfume maravilhoso enchia o ar. Ele nos deu boas vindas, e continuou cantarolando uma canção de amor.

A recepcionista assim que avistou Camila abriu a porta, sorridente, convidando-nos a entrar. Encabulada, pedi licença e me sentei na cadeira. Camila expôs a nossa intenção, ela pediu que aguardássemos um instante.

Logo fomos convidadas a entrar na sala do diretor. Ele gentilmente nos convidou a sentar. Olhando-me, perguntou:

— Então você deseja saber se teve ligações anteriores com o monge Uziel?

— Sim, senhor, se for possível, eu desejo saber.

— E, se ficar comprovada uma ligação entre vocês na vida terrena, como vai se comportar?

— Sinceramente não posso dizer que vou reagir sem emoções, mas creio, senhor diretor, que isso poderá me ajudar

muito. Confesso que às vezes me sinto sozinha, gostaria de encontrar algumas pessoas da minha vida terrena.
Ele me abraçou e argumentou:
— Filha, Deus esteve com você em seu corpo físico e continua com você em seu corpo espiritual. Vamos entrar?
Entramos numa sala iluminada, irradiava um perfume suave por toda parte, alguns senhores estavam olhando uma tela com gráficos. Com a nossa chegada, eles pararam e amistosamente nos receberam.
O diretor explicou a um deles que eu gostaria de obter informações sobre o monge Uziel. Um senhor de cabelos grisalhos e barba branca pediu-me que colocasse a mão sobre uma placa e aguardasse um instante.
Entrou em outra sala ao lado e dentro de alguns instantes abria a porta, convidando-nos a entrar.
O diretor despediu-se de nós.
— Vocês estão em boas mãos, quando saírem me procurem.
Camila entrou comigo. Assim que entramos na sala, eu li uma placa com a seguinte legenda: Laboratório de pesquisas – Ligações de vidas passadas.
— Bem, Simone, você está autorizada a fazer a sua pesquisa.
Em instantes, aparecia na tela o monge e aos poucos, como num filme, foram surgindo imagens e lugares. Vi um jovem trabalhador rural entrando numa capela e casando-se com uma moça simples. Vi aquele rapaz simples com uma menina recém nascida nos braços, ele chorava de emoção olhando a filha.
— Reconheci o monge Uziel! Foi meu pai em terra!
Camila fechou a tela e comentou:
— Agora já sabe quem é ele, tudo tem sua hora e seu tempo.

— Camila, ele sabe quem sou eu?
— Sim, ele sabe. Desde que você retornou que ele acompanha todo o seu processo de evolução espiritual.
Fiquei parada sem saber o que fazer.
— Quer voltar ao mosteiro?
— Sim, quero. Mas antes eu gostaria de agradecer ao diretor que nos recebeu tão bem.
— Sem problemas.
O diretor amável e muito tranqüilo me perguntou:
— E então, Simone, descobriu alguma coisa?
— Sim, senhor, e quero lhe agradecer pela felicidade que encontrei nesta colônia.

Retornamos ao mosteiro e, ao chegarmos ao portão, avistamos o monge Uziel parado no mesmo lugar; quando nos viu, desceu os degraus em passos rápidos vindo ao nosso encontro.

Ele abriu os braços para mim, eu corri e me atirei em seus braços chorando. Ele me apertou junto ao coração. Desta vez minhas lágrimas eram de alegria e felicidade.

— Pai, eu estou tão feliz em encontrá-lo!
— Eu também estou muito grato a Deus, filha, em ver que você está progredindo a cada dia.

Camila nos deixou a sós, conversamos muito e ele me prometeu que iria me visitar dentro em breve. Naquelas poucas horas de conversa eu compreendi muitas verdades, inclusive que Deus tinha alguns propósitos para comigo.

Como todas as pessoas que a conheciam, vi e descobri na Camila um anjo que Deus coloca em nossos caminhos e compreendi que todos os anjos são belos e ela não poderia deixar de ser diferente.

O céu estava azul com algumas auréolas brancas e rosas, despedimo-nos dos amigos da colônia e regressamos para casa.

Sentada ao lado de Marcos, eu observava o céu, algumas andorinhas voavam, brincavam no espaço. Pela primeira vez desde a minha chegada no mundo dos espíritos, eu verdadeiramente compreendia e aceitava a lei do amor.

Marcos apertando minha mão me perguntou:

— Por que está tão calada?

— Porque estou feliz, muito feliz! Estou começando a ouvir o meu interior.

— Eu sei que hoje foi um dia cheio de venturas para você, meu amor, sinto-me feliz pela sua felicidade.

Com a cabeça encostada no seu ombro, chorei de emoção, de alegria e felicidade, agradeci a Deus e com sinceridade no coração. Tentei me lembrar se de fato tinha ouvido o Marcos dizer "meu amor".

Marcos, animando-me, convidou-me a mudar de assunto, que o momento pedia alegria e planos! Começamos e falar da beleza da colônia. Fitando-me nos olhos, perguntou-me:

— Como você hoje vê a Camila?

Baixei meus olhos, estava envergonhada.

— Hoje eu sei que ela é um anjo! Antes eu não conseguia enxergar isso! Sentia ciúmes e raiva dela o tempo todo. Você me perdoa, Marcos?

— Perdoar do quê, Simone? Quem entre nós não cometeu seus enganos?

Descobrindo sentimentos

A vida continuava empurrando-me para outros caminhos, eu comecei a ir até a crosta terrestre trabalhar nos primeiros socorros com os desencarnados; ao lado de Marcos tudo era maravilhoso, tudo era divino, o amor nos faz vencer tudo. Meu pai me visitava com freqüência, eu também ia visitá-lo.

Já não dava mais para esconder de ninguém os nossos sentimentos, eu e o Marcos nos amávamos, nem eu nem ele queríamos saber sobre as nossas ligações passadas, no fundo sentíamos medo de descobrir algo que viesse a nos separar.

Thaís iria se casar, apesar da saudade e da falta que ela iria me fazer, eu estava feliz.

Um grupo de 300 pessoas partiu em missão rumo à Terra; as lembranças da Terra me pareciam um sonho bom que tive há muito tempo atrás. Alguns choravam, pois sabiam o que iriam enfrentar no corpo carnal.

As casas antes habitadas pelos casais que partiram foram reformadas e os móveis foram trocados, os jardins foram cuidados, enfim, houve uma reforma geral nas moradias que em breve novos casais estariam ocupando.

À noite, sentados no jardim, eu e Marcos de mãos dadas comentávamos sobre os casamentos.

— Você já pensou quando for o nosso? – comentou Marcos, apertando minha mão.

Pensando nos que partiram em missão, eu perguntei ao Marcos:

— Você seria capaz de voltar à Terra como encarnado para fazer algo por mim?

— Eu voltarei à Terra por você hoje, amanhã ou em qualquer ocasião; tudo o que eu fizer por você, estarei fazendo por mim mesmo.

— E você faria o mesmo por mim? – perguntou ele.

— Faria sim, Marcos, de todo o meu coração. Marcos, não é uma loucura para os encarnados que estão acostumados com a cronologia do tempo, onde os mais velhos fisicamente são sempre os pais e avós, enquanto aqui não existe idade, não há velhos e nem novos?

— É verdade, Simone, hoje nós sabemos que no mundo espiritual não existe idade cronológica. Para falar a verdade, o que quero mesmo é me casar com você, tenho até medo de pensar que de um momento para outro o nosso diretor possa chamar um de nós dois e dizer: você precisa passar por mais uma encarnação em terra para obter a licença de casamento!

Passou-me um calafrio pelo corpo ouvir Marcos falar aquilo.

— Deus não vai fazer isso conosco – respondi.

— Simone, você sabia que os noivos fizeram vários cursos para se adaptarem aos casamentos espirituais?

— Não, eu não sabia que aqui também havia este tipo de preparação.

Foi quando Marcos me contou que o rapaz com quem ele dividia o quarto iria se casar, e que todos os dias ele participava dos encontros de casais. O casamento no mundo dos espíritos era muito mais sério do que imaginávamos, acrescentou ele.

— Aqui não existem separações e nem anulações de casamento, e geralmente os casais voltavam em missões à Terra juntos, ou trabalhavam espalhados por várias colônias, mas sempre retornavam.

Chegou o sonhado dia para Thaís, a área toda do nosso jardim foi enfeitada com flores e frutos, pétalas de rosas cobriam o chão e perfumavam o ar. A fonte despejava essências perfumadas, as noivas estavam sendo preparadas pelas mulheres mais experientes da nossa colônia, assim como os rapazes na ala masculina.

Começaram a chegar os convidados, eram seres de todas as idades, muitas crianças de outras colônias vizinhas. Que saudade e quanta alegria poder olhar aqueles rostinhos alegres. Vovós e vovôs, religiosos em suas indumentárias, moças e rapazes, enfim, a nossa colônia estava repleta de pessoas bonitas.

Todos os religiosos, vestidos a rigor, subiram no palco onde seriam realizados os casamentos. Os mestres da nossa colônia traziam os noivos, e as mestras, as noivas. Um coral cantava ao vivo uma melodia que enchia os nossos corações de emoção e alegria.

Cada religioso falou um pouco, davam conselhos, finalizavam em um só pensamento: amor e prosperidade. Os noivos foram abençoados e daquele momento em diante passariam a fazer parte do grupo de casais da nossa colônia, assumindo o papel de chefes de família.

No final da cerimônia, os noivos foram cobertos por pétalas de rosas brancas, as crianças batiam palmas e cantavam parabéns aos noivos. Eu confesso que chorei, pois nunca vi algo parecido.

Thaís, minha querida amiga, partia com seu marido para outra colônia, e algumas moças ficariam conosco. Iriam ocupar as casas recém reformadas deixadas pelos que partiram em missão.

Quando todos se retiraram, a colônia ficou em pleno silêncio, o quarto estava vazio sem Thaís, parecia imenso e triste. Fui até a janela, fiquei olhando as estrelas brilhando no céu, quanto tempo se havia passado desde a minha chegada, onde estariam as pessoas que eu tanto amava?

Uma brisa suave batia em meu rosto, pensava em meu pai, ele era um monge no mundo espiritual e, quando minha mãe o encontrasse, iria entender? Lembrava-me dela com ternura, pensava em tia Alzira, meus irmãos, lembrava-me de todas as pessoas de minha vida passada.

Não sei quanto tempo fiquei debruçada na janela. Já havia recebido autorização para volitar (flutuar/transportar-se) dentro da colônia, nas horas de trabalho, porém àquela hora não tínhamos permissão para tal. Nós não podíamos sair volitando sem rumo. A minha vontade naquela noite era sair voando, mas me contive, todos os moradores respeitavam as regras e as leis locais.

Depois de todos os tratamentos que fiz, aprendi a dominar minhas emoções, não seria mais atingida em meu corpo espiritual, enganava a mim mesma.

Ainda havia ansiedade dentro de mim, guardava uma imensa saudade, eu não conseguia me desprender totalmente das minhas últimas lembranças terrenas. Eu sabia que mudar a minha vida só dependia de mim. Continuava com a mesma aparência, conservava todos os meus traços terrenos, as lembranças também vinham fortes. Debruçada na janela, chorei durante muito tempo, uma angústia grande me dominava; fui quase me arrastando até a cama, bebi um copo de água e adormeci.

No outro dia logo cedo me levantei, meu corpo doía, senti tontura, uma fraqueza me dominava. Preparei-me para mais um dia de trabalho, iríamos trabalhar no resgate na crosta terrestre, eu não podia me atrasar.

Ao me avistar, Marcos veio correndo até mim e perguntou-me:

— O que houve com você? Não passou bem esta noite?

— Acho que eu tive uma recaída passageira, já passou, estou bem.

Ele passou um braço em torno dos meus ombros e comentou:

— Você não está nada bem! Vai voltar agora mesmo e passar por um médico, a fim de receber o tratamento adequado.

— Marcos! Eu estou falando que estou bem, eu quero ir trabalhar – respondi quase gritando.

Sem me dar resposta, ele me levou ao laboratório, o doutor Gaspar perguntou:

— O que você andou fazendo, mocinha? Vamos tomar uma injeção e ficar de repouso algumas horas. Hoje a mocinha não pode sair da colônia; pode ir, Marcos, nós cuidaremos dela.

Tentei protestar, provando que estava bem, porém notei que todos se entreolhavam.

Quando Marcos se afastou, doutor Gaspar sentou-se ao meu lado, apertou um botão e pediu-me que ficasse olhando para a tela.

Vi uma senhora gemendo de dores, não conseguia sentar-se na cama. Ele apertou o botão fechando a tela, fiquei chocada com a cena.

— Eu não entendi, doutor Gaspar, por que o senhor mostrou-me esta passagem? Quem é esta senhora? É minha mãe?

— Não, não é sua mãe, é você! Pegue este espelho e se olhe!

Dei um grito de espanto!

— Meu Deus, o que é isto? Meu rosto estava enrugado, meus cabelos brancos, com fios grisalhos.

— Simone, quando você volta ao seu passado em terra, absorve as energias do tempo. Você atrai energias nocivas que, ao invés de lhe reconstituir um novo corpo, a levam ao passado.

Quando você se apresentou hoje para o trabalho, Marcos a viu assim! Você acha que teria forças e condições para cuidar de alguém neste estado? – acrescentou ele.

Eu tremia de medo e vergonha pelo quadro apresentado.

Sentado à minha frente, ele continuou falando:

— Definitivamente pare de remexer a sua vida passada! Você não consegue enxergar nada à sua frente, porque não se esforça! O que mais deseja de sua vida? Até hoje a única coisa boa que você conseguiu para si mesma foi reconhecer o seu pai e nada mais!

Quanto tempo você pretende ficar nesta dependência espiritual? Se continuar assim, será transferida para a colônia de deficientes espirituais! É isso o que quer?

Simone, cresça! Você está se comportando muito mal, quando pensamos que você está equilibrada, lá vem você com uma de suas crises!

Vamos parar com esse egoísmo, nós temos outras pessoas para ajudar e você simplesmente quer ser o centro das atenções na colônia.

Ouvi muitas verdades da boca do doutor Gaspar, que me doeram mais que uma surra. Enquanto chorava de vergonha imaginando que Marcos tinha me visto daquele jeito, pedi a Deus perdão e que Ele me desse forças para vencer tantas dificuldades criadas por mim mesma.

Doutor Gaspar, de pé diante de mim, antes de deixar a sala acrescentou:

— Quero tê-la aqui muitas e muitas vezes, como uma das muitas assistentes da colônia e não como uma paciente complicada.

A enfermeira me ajudou a deitar na maca, cobriu-me com um lençol branco, uma luz lilás percorria todo o meu corpo. Acho que dormi um pouco, quando acordei a mesma enfermeira estava sentada me observando.

Sentei-me na cama, ela me perguntou:

— Quer um pouco de água, Simone?

— Aceito, obrigada.

Bebi água e passei as mãos pelos cabelos. Será que estavam brancos? Tive medo de tocar em meu rosto. Como se ouvisse o meu pensamento, a enfermeira pegou um espelho e convidou:

— Olhe para o espelho, sem medo!

Voltei a ser o que sempre fui. Respirei fundo e agradeci a Deus. Meus cabelos estavam lisos e brilhantes e a pele aveludada e sem rugas.

— E então? – perguntou a enfermeira.

— Graças a Deus estou ótima.

— Vamos fazer o teste de resistência? Vamos lá, Simone. Sente-se bem relaxada e firme o seu pensamento em Deus; agora, arrume-se do jeito que você se sinta bem.

Seguindo a sugestão dela, fechei os olhos, banhei-me com uma essência de rosas, lavei e sequei os cabelos. Sentia o perfume do meu próprio ser, a sensação era maravilhosa.

Modelei uma calça jeans e uma camiseta branca, meias e tênis. Prendi os cabelos no alto da cabeça, senti-me ótima, elevei-me acima do chão várias vezes, abri os olhos e a enfermeira batendo palmas avisou-me:

— Pode seguir, você está de alta, porém... é bom ter juízo!

Ao passar pela secretaria ouvi um psiu! Era o Marcos.

Abri os braços e num abraço sincero e silencioso falamos com o coração.

Após um breve momento, ele levantou o meu queixo, dizendo:

— Você está linda! Eu amo você demais. Senti muito a sua falta, hoje eu tive o dia mais longo da minha vida, nem eu mesmo sabia que ficar longe de você é uma tortura para mim. Por favor, não faça isso comigo! Eu quero estar com você, não me abandone! Ouça-me! Passei o tempo todo pensando e pensando se realmente você me ama ou simplesmente encontrou em mim um motivo para fugir de suas lembranças.

Se você me ama de fato, por que sofre tanto?

Quem ama de verdade supera tudo, pois somente o amor sobrevive a tudo que passamos.

Hoje tive vontade de procurar nosso superior e pedir uma autorização para investigar nossas vidas; caso eu esteja atrapalhando a sua, peço transferência para qualquer outra colônia ou até mesmo implorarei por reencarnar! Não quero mais vê-la sofrendo, porque o seu sofrimento me faz sofrer também.

As lágrimas desciam sem que eu pudesse retê-las. Chegamos ao jardim, abracei Marcos e, olhando dentro dos seus olhos mais uma vez, pedi perdão pelas minhas fraquezas. Implorei a ele para não fazer nenhum levantamento sobre nós, e pedi com sinceridade no coração:

— Marcos, eu não consigo viver longe de você, não faça isso comigo. Eu sei que não tenho me comportado muito bem, por favor, não duvide do meu amor! Foi esse amor que me ajudou a manter-me viva e consciente.

Eu estive pensando seriamente em solicitar uma transferência do meu quarto como interna para ser adotada por uma das muitas famílias que vivem nos arredores. Talvez ao lado de um pai e uma mãe espiritual eu consiga assimilar melhor a minha condição como espírito.

Abraçando-me forte, Marcos me levou até o banco do jardim:

— Vamos trocar algumas idéias sobre este assunto, parece-me uma boa saída – ele admitiu.

Amor fraterno

Abraçados sob o luar, eu e Marcos ficamos conversando sobre nossos sonhos futuros. Ouvi os conselhos dele e iria pedir uma transferência para a colônia dos adotados. Quem sabe voltando a sentir o aconchego familiar não teria tempo de "cair"! (pensar no passado).

No outro dia logo cedo, tomei um banho, estava me sentindo super alegre, arrumei-me e saí. Antes de sair para o meu trabalho, eu queria deixar registrado o meu pedido de transferência na secretaria da colônia.

Ao entrar na sala, a recepcionista, uma senhora de olhar bondoso e muito simpático, recebeu-me alegremente.

— Olá, menina bonita! Em que posso ajudá-la?

Sentindo-me à vontade, eu disse:

— Quero ser adotada!

— Que coisa boa! Dividir amor é o começo da vida! Sente-se aqui – apontou-me uma cadeira. Tome um chá, suco ou água! Fique à vontade.

Depois, prosseguiu: — Coloque o dedinho aqui nesta placa.

Encostei o polegar numa placa luminosa, e ela, olhando numa tela a sua frente, constatou:

— Ah! Seu nome é Simone, lindo nome, combina com a dona.

— Muito obrigada, e a senhora como se chama?

— Elvira. Olhei para ela e pensei: todas as Elviras são bondosas, minha tia Elvira era uma pessoa divina.

— Simone! Cuidado com a palavra "ERA", troque essa palavra por "É"! Sua tia não "era" maravilhosa, ela "é" maravilha!

Fiquei assustada, ela lia os pensamentos!

— Vamos lá! Eu tenho o casal Jonas e Marta, Manoel e Cândida, Luis e Glória, que estão adotando filhos. Venha até aqui, vou mostrar na tela os casais referidos, todos são seres especiais como pais, porém você é que deve escolher seus pais, assim como eles terão o mesmo direito de querê-la ou não!

Logo estava passando ao vivo seus rostos bondosos e suas palavras doces. Quando terminou tudo, ela me perguntou:

— E então?

— É muito difícil escolher, porém eu gostei imensamente de seu Manoel e de dona Cândida.

— Então vamos apresentar você a eles e saber o que eles acham de você – ela propôs.

— Quando pode ser?

— Agora mesmo! Ei, Simone, onde você pensa estar? Aqui tudo é resolvido com a velocidade da luz.

Logo seu Manoel e dona Cândida falavam comigo. Fiquei emocionada com tanto carinho e com a boa acolhida com que já me recebiam.

Terminadas as apresentações, ficou a cargo dos nossos superiores aprovarem ou não o meu pedido de transferência.

Dona Elvira me disse que, assim que eu retornasse do trabalho, passasse por lá, com certeza já teria uma posição.

Agradeci muito e saí. Marcos me aguardava lá fora. Ao me ver, veio ao meu encontro e, beijando a minha testa, perguntou-me ansioso:

— Como foi?

— Acho que vai dar tudo certo. Eu senti isso dentro do meu coração.

— Eu também tenho esse bom pressentimento – ele concordou. — Mas agora vamos apressar os passos, já estão nos aguardando para a viagem. A estrada é longa, e muitos nos esperam para mais um dia de trabalho.

Estávamos conversando animadamente uns com os outros, já conhecíamos aquele caminho muito bem. De repente, o veículo que nos levava à crosta entrou em um caminho diferente, nós paramos de falar e nos entreolhamos.

Um dos guias de viagem nos comunicou que naquele dia havíamos recebido um pedido de emergência e que muitas equipes de socorro estavam se dirigindo ao local. Explicou-nos que houve mortes coletivas com acidentes graves e que todos precisavam de socorros imediatos.

Logo vieram dois instrutores e nos passaram algumas instruções de procedimento.

Ficamos olhando a estrada, uma poeira vermelha cobria tudo, alguns pássaros tristonhos estavam pousados nas árvores secas da estrada.

Chegamos ao local, várias equipes que fazem o transporte da Terra até à crosta já estavam trazendo os feridos. Nós nos dividimos em grupos de oito pessoas, quatro médicos e quatro assistentes em cada grupo.

Começamos a dar os primeiros socorros, enquanto isso, outras equipes transportavam os doentes para as colônias já determinadas por nossos superiores.

Cada irmão que era trazido da Terra logo era identificado por um aparelho que somente os instrutores e chefes de equipe usavam para localizar as colônias, onde cada desencarnado precisaria ser internado.

Naquela correria toda, enquanto entregávamos um corpo espiritual aos cuidados do instrutor que identificava as colônias, eu reconheci o doutor José. Ele me direcionou um olhar, piscou para mim e sorriu por baixo da máscara, fez um sinal com a mão.

Fiquei super feliz, nunca imaginei que pudesse um dia trabalhar lado a lado com ele.

Assim que terminamos de socorrer os últimos irmãos da tragédia terrena, ao invés de ficarmos cansados, estávamos alegres, tudo correu bem.

Entramos nas urnas de limpeza, e logo estávamos bem, cumprimentamos os trabalhadores que vieram da Terra, estes retornaram imediatamente.

Os espíritos trabalhadores de outras colônias se reuniram para agradecer uns aos outros e lá estava doutor José e sua equipe. Ele me disse que nos últimos tempos estava dando plantão naquele local e indo até a Terra levar doutrina e esperança nos Templos espirituais; este trabalho ele fazia com um prazer imenso no coração.

Conversamos muito, falei sobre meu pai, ele me felicitou por tudo e disse-me que em breve iria nos visitar.

Estava tão empolgada com as palavras do doutor José, que só me dei conta das outras pessoas, quando alguém tocou em meu braço, chamando-me pelo nome. Eram Mara e seu Carlos.

— Meu Deus! São vocês mesmos? – gritei de alegria.
— Onde você mora, Simone? – quis saber Mara.

Dei o nome da minha colônia e fiz a mesma pergunta.

— Nós moramos na "Colônia da Misericórdia Divina", muitos irmãos que deixaram a Terra conosco se encontram por lá, sentíamos muito a sua falta entre nós.

— Vocês sabem da Sílvia?
— Não temos notícias dela, não – respondeu Mara –, pensávamos que ela estivesse com você. Você vem sempre aqui?
— Não, neste lugar é a primeira vez, e você?
— Dou plantão por aqui, principalmente quando acontecem estas tragédias em terra.

Puxando-me de lado, ela cochichou:
— Essa zona aqui é a mais próxima da Terra, dá para a gente até sentir o cheiro bom dos mares e florestas. Eu tenho esperança e fé em Deus que logo, logo, vou poder voltar para lá!
— Você quer voltar?
— Claro! Você não? E completou: — Deixei filhos pequenos, pai, mãe, marido e tudo mais, trabalho e luto exatamente no sentido de poder voltar para casa.

Seu Carlos entrou na nossa conversa, chamando atenção de Mara.
— Simone, vê se não dá ouvidos às idéias da Mara, ela colocou na cabeça que vai voltar e isso já virou obsessão! Fale para ela a besteira que fará, se um dia tentar burlar a lei e voltar para Terra por conta própria!

Fiquei parada, olhando para os dois. Mara prosseguiu falando:
— Quem sabe se você não volta comigo, Simone. Pelo jeito você também não está satisfeita, eu não me conformei até hoje com esta morte absurda! Você se lembra de que lhe avisei que tinha visto um corre-corre lá no prédio? Pois é, os puxa-sacos continuam vivos, quem morreu fomos nós! Eu vou voltar, sim! Custe o que custar!
— Mara, acalme-se, as coisas por aqui não são fáceis, nós não temos mais nenhuma chance de voltarmos a ser o que fomos antes! – eu aconselhei.
— E daí? Eu não quero ser o que fui antes! Vou ser o que sou hoje!

Marcos chegou e mudamos de assunto; antes de nos despedirmos, trocamos endereços (nomes das colônias e nossas identificações espirituais). Mara e seu Carlos prometeram que iriam me visitar, caso obtivessem autorização.

Ao regressarmos, perguntei ao Marcos:

— Você vai comigo até a secretaria da colônia?

— Claro que vou! E depois vou levá-la até a casa dos seus pais! Espero que você me apresente a eles como seu futuro marido! Ou pode me apresentar como seu noivo, eu não me importo.

Começamos a rir, estávamos felizes, o nosso desempenho foi ótimo. Tivemos uma experiência nova, um encontro agradável, eu gostei de ter ajudado tantas pessoas ao lado de seu Carlos.

Ao descermos do nosso veículo, nós nos despedimos dos nossos colegas e fomos correndo até a secretaria. Chegando lá, dona Elvira nos recebeu sorrindo e nos convidou a acompanhá-la até a sala de um dos nossos superiores.

Sentados lado a lado estavam os meus pais adotivos. Ao me virem entrar, levantaram-se e vieram ao meu encontro.

— Simone, filha! Que alegria poder tê-la conosco!

Num impulso abracei os dois, sentindo a mesma emoção de quando abraçava minha mãe carnal.

Nosso superior do dia era o doutor Gaspar. Ele se levantou e veio até mim, dizendo:

— Eis os seus pais! Desejo felicidades a todos vocês. Lembre-se, Simone, do que recomendou Jesus a um dos seus discípulos: Eis aí sua mãe, eis aí o seu filho!

Tudo acertado, eu agradeci a ele e chamei Marcos que esperava de lado. Pai Manoel e mãe Cândida, esse é o Marcos, meu noivo.

Seu Manoel abriu os braços e chamou Marcos, exclamando:

— Cândida, nós ganhamos dois filhos!

Deixamos a sala, eu estava transbordando de alegria e muito agradecida a Deus. Passamos pelo meu quarto, peguei algumas coisas consideradas pessoais e, de mãos dadas com Marcos, acompanhei meus pais adotivos ao meu novo lar.

Caminhamos entre os jardins que separavam as casas vizinhas. A energia do lugar era indescritível! Marcos se despediu de mim, desejando-me felicidades, agradeceu a meus pais e antes de atravessar o outro lado do jardim voltou-se e disse em voz alta:

— Simone! Amanhã cedo estarei aqui, para irmos juntos ao trabalho!

— Tudo bem! – respondi.

Fiquei parada olhando o jardim, estava muito bem cuidado, as rosas desabrochavam por toda parte. A casa era pintada de branco por fora, portas e janelas azul-claras, todas as casas eram iguais. O que as diferenciava eram as numerações e as plantações dos jardins; reparei que havia flores e ervas variadas em cada um deles, não havia muros separando nada. Aliás, é algo que não existe internamente em nenhuma colônia espiritual. Externamente os muros são altíssimos e têm lanças em volta, protegendo e dando segurança à colônia.

Meu pai Manoel abriu a porta de entrada da casa e sorrindo disse:

— Entrem, minha esposa e minha filha! A casa é de vocês e daqui para frente serão as duas mulheres mais importantes da minha vida, pois tenho que cuidar de ambas!

Minha mãe, pegando minha mão, convidou-me a conhecer toda a casa. Tudo estava muito limpo e perfumado! Meu quarto era composto de uma cama, um armário, uma escrivaninha com uma estante e vários livros.

Corri até a janela e vi que tinha uma cortina branca e leve, com pequeninas flores azuis, enfeitando-a.

Diante de meus olhos se abria um lindo jardim cercado

por um rio de águas brilhantes, uma cachoeira e um pomar; completavam a beleza que eu jamais desconfiei existir por ali.
— Que coisa linda! – gritei alto.
Meu pai, puxando-me pela mão, considerou:
— Amanhã você poderá sair e tomar um banho de cachoeira, comer maçãs colhidas no pé, e ouvir o canto dos pássaros, mas agora venha aqui que eu preciso lhe mostrar algo muito bonito!
Fomos até uma sala, ele apertou dois botões de um aparelho. Lá apareceram duas crianças correndo atrás de um carneirinho, eles riam de felicidade. Pai Manoel e mãe Cândida estavam sentados num banco de jardim, olhando para eles cheios de orgulho.
— Quem são essas crianças lindas? – eu quis saber.
— Nossos filhos! – ele respondeu.
Olhei para mãe Cândida e ela sorria docilmente para mim. Fiquei com vontade de perguntar sobre as crianças, mas o filme prosseguia. Na tela eu já via dois jovens bem vestidos, recebiam certificados de conclusão dos seus cursos. Mostrava também o casamento da moça, e, depois, a despedida dela, pois iria morar em outra colônia.
Tomei coragem e inquiri:
— Eles vêm sempre visitá-los?
— Oh! Sim, estamos sempre com eles! –respondeu meu pai.
Mãe Cândida pegando na minha mão e na mão do esposo nos convidou para irmos tomar um lanche que ela havia preparado. E olhando para o esposo disse:
— Manoel, eu sei o quanto você está feliz com a chegada da nossa filha Simone! Sentiu até vontade de rever os primeiros passos de nossos filhos, não é mesmo? Mas vamos para a cozinha, que eu fiz aquele bolo que você tanto gosta.

— Tem razão, Cândida, eu sou mesmo muito romântico, quando estou feliz quero explorar toda alegria que existe dentro de mim.

Fiquei espantada, ouvindo-a falar que havia feito um bolo! Eu não havia comido e nem visto bolos, pães e nem comida nas repartições onde trabalhei. Alimentava-me de sopas de legumes, sucos de frutas, tomava muita água, chá e até mesmo café, mas bolos, doces, eu não havia comido. A minha boca encheu-se de água ao ver sobre a mesa um bolo de fubá e uma chaleira de café.

Sentamos os três, mãe Cândida me serviu um bom pedaço de bolo e uma xícara de café. Comi com gosto o bolo e, quando terminei, observei que os dois se entreolhavam satisfeitos.

— Desculpem-me, acho que exagerei um pouco!

— Imagina, filha, você não tem idéia de como é gratificante vê-la feliz – comentou mãe Cândida.

— Eu adoro bolos, principalmente de milho e chocolate, você também gosta, não é, filha?

— Como é que o senhor adivinhou?

— Eu não adivinhei, eu sei – e ele riu.

Naquela noite oramos os três juntos, de mãos dadas, entre eles eu me senti leve, segura, protegida e amada. Foi assim que adormeci.

Interessante que eu nunca havia sonhado, eu acreditava que isto só sucedia com os encarnados. Mas eu tive um sonho maravilhoso! Foi uma experiência divina: ainda era uma garota pequena, brincando, correndo atrás de um garoto que se escondia no pomar, e ele gritava:

— Vem me pegar, vem me pegar! Eu respondia:

— Vou te pegar, coelhinho! Vou te pegar!

Acordei sorrindo, meu Deus! Eu sonhei.

Que pena, eu não vi o rosto do menino no meu sonho, apenas o vi correndo e se escondendo de mim.

Abri os olhos e me estiquei na cama, os pássaros cantavam, levantei-me, vesti-me, saí bem devagar temendo acordar meus pais.

Abri a porta do fundo, corri para a beira do rio. Suas águas eram claras, muitos peixinhos pulando, a cachoeira despejava vagarosamente suas águas cristalinas, pássaros coloridos dividiam com as borboletas espaço entre as flores ainda molhadas pelo orvalho da noite.

No céu, a Estrela da Manhã brilhava entre as nuvens brancas que formavam carneirinhos.

Coloquei as mãos nas águas do rio, e pensei: nunca imaginei que houvesse tanta beleza neste lugar.

Fui até a cachoeira, como que atraída por ela, e entrei vestida como estava. Embaixo da queda d'água me senti uma criança, comecei a gargalhar alto.

Os primeiros raios do sol surgiam entre as águas formando um lindo arco-íris. Dei-me conta de que dali a pouco eu precisava me preparar para ir trabalhar. Atravessei a cachoeira e fui até o outro lado onde ficava o pomar, tive a sensação de que já conhecia muito bem aquele lugar.

Uma macieira estava carregada de maçãs vermelhas, lembrei-me de que mãe Cândida havia me dito que eu poderia apanhar e comer maçãs. Foi o que fiz. Peguei uma madura, estava umedecida pelo sereno, esfreguei-a entre as mãos e comi. Deliciosa.

Fiz o mesmo caminho de volta, no jardim dos fundos encontrei pai Manoel cuidando das roseiras. Vendo-me, veio até mim, abraçando-me e dizendo:

— Eu sabia que você não iria resistir! E então? Como foi o seu banho?

— Pai! O senhor não havia me dito que morava no céu! Eu estou encantada! Mas... engraçado... o senhor sabe que eu tive a sensação que já conhecia o lugar?! Principalmente o pomar.

— Foi mesmo, filha? Que bom quando a gente tem esses sentimentos.

Vamos entrar que a sua mãe nos espera com um bom café – e ele piscou um olho.

Quando entrei na cozinha, mãe Cândida sorriu.

— Eu não acredito que você está toda molhada desse jeito! Já para seu quarto se vestir, cuidar de seus cabelos e venha tomar o seu café! Lembre-se de que hoje não é dia de folga, precisa ir trabalhar e daqui a pouco seu noivo estará batendo palmas te chamando.

Beijei-a no rosto e saí correndo para o quarto; como já havia aprendido, plasmei tudo o que precisava para o meu uso pessoal.

Sentei-me à mesa e comi um pão caseiro feito por minha querida mãe. Não dava para explicar o meu sentimento, eu me sentia dentro do coração dos dois.

Ouvimos palmas no portão, levantei-me rápido.

— É o Marcos! Preciso ir.

— Calma, filha! – aconselhou mãe Cândida. E... Manoel, convide o Marcos para entrar! Pegue seu material de trabalho, filha, verifique se tudo está em ordem – ela acrescentou.

Marcos agradeceu a gentileza do convite, mas preferiu me esperar no jardim. Apreciava a beleza das rosas e elogiava o cuidado de pai Manoel na escolha das cores, e no bom gosto na formação do jardim.

Beijei os dois, minha mãe me examinou com os olhos e me disse:

— Bom dia para você, filha, vou te esperar com um bolo de chocolate hoje!

— Mãe! Eu ainda não consultei os mestres, mas a senhora pode me responder: no plano espiritual a gente também pode engordar?

Ela gargalhou, tapando a boca com a mão.
— Fique sossegada, você não vai engordar.
Beijei Marcos no rosto, ele me olhou feliz. Despedi-se dos meus pais, pegou minha mão, saímos juntos. Antes de entrar na outra ala, virei-me, olhei para trás, lá estavam os dois parados, olhando para a gente. Acenei, enviando um beijo.

Assim que dobramos o quarteirão, Marcos me fez parar e levantando-me do chão me perguntou rindo:
— Nunca vi você tão feliz assim, conte pra mim: o que você fez e viu de bom na sua nova casa?
— Ah! Marcos, eu estou atônita, tenho a impressão de que sempre morei com eles!
Você não imagina o que tem do outro lado das casas! Marcos, é um céu! É um paraíso! Tem rio, cachoeira, pomar, flores, pássaros e borboletas de todas as cores. Você pode não acreditar, mas hoje cedo eu já tomei um banho de cachoeira, comi uma maçã colhida no pé!
E mais: eu nunca havia sonhado, esta noite eu sonhei, nunca imaginei que os mortos pudessem sonhar! Outra coisa: ontem eu comi bolo de fubá com café, igualzinho aos que eu comia quando encarnada!
Ah! Marcos eu estou vivendo um conto de fadas! Não quero despertar, nunca estive tão bem e tão feliz como me sinto agora.
— Não sou ciumento, quero que você aprenda a amar outras pessoas, outros lugares – respondeu-me ele, colocando-me no chão. — Sua alegria me deixa feliz.
— Marcos, você nunca quis ser adotado por uma família?
— Eu? Nunca pensei nisto, percebo que existem outras pessoas mais carentes do que eu. Sinto falta às vezes de uma casa, de um bolo de fubá, um banho de cachoeira, alguém olhando por mim...

Mas o dever me lembra que existem outros mais necessitados do que eu – ele frisou, rindo.

— Você acha que eu estou ocupando o lugar de alguém que precisa mais do que eu, Marcos?

— Simone, você precisa dessa alegria, é só reparar no seu rosto para notar o quanto você está sendo beneficiada. Você precisa mais do que eu, não seja criança, eu mesmo aconselhei você a fazer isso, lembra-se?

Marcos reencarna

Nosso trabalho nos envolvia, de forma que não tínhamos tempo para pensar em outra coisa a não ser: trabalho!
Passei a freqüentar a escola superior de medicina, nunca perdi o encontro com os outros jovens da colônia no nosso templo. A oração e o trabalho sempre foram e por todo sempre serão a maior ferramenta de lapidação, tanto para o encarnado quanto para o desencarnado.

Aos domingos, eu e Marcos passávamos o nosso tempo livre ou do outro lado da minha casa, no pedaço do céu como eu apelidei, ou algumas vezes íamos visitar Camila, o monge Uziel (meu outro pai) e minha querida amiga e irmã Thaís.

O monge Uziel se alegrou ao saber que eu tinha sido adotada por pai Manoel e mãe Cândida.

— Confesso que fiquei receosa de lhe contar sobre meus novos pais, mas tinha que lhe comunicar! Quando falei, a reação dele foi de alegria e contentamento.

O tempo passava, logo eu estaria me formando em medicina, adorava cuidar dos doentes espirituais recém chegados da Terra.

Numa tarde retornamos um pouco mais cedo para a colônia, houve poucas chamadas. Fazíamos rodízio entre as colônias vizinhas; entre os trabalhadores estavam Mara e seu Carlos. Nós nos encontramos muitas vezes, Mara continuava revoltada como sempre, só falava em voltar para a Terra.

Sentamos no jardim para apreciar o pôr-do-sol, uma recepcionista nos entregou um comunicado e ficamos assustados olhando um para o outro, sem entender nada.

— Marcos, nós recebemos um comunicado para nos apresentar no gabinete do nosso superior o mais rápido possível, o que será? Nós nos entreolhamos, tivemos o mesmo pensamento: o que fizemos de errado?

Em casa comentei com meus pais, pai Manoel me acalmou, dizendo:

— Filha, acalme-se, nesta colônia tudo é feito pelo nosso bem, aqui só recebemos ajuda, por isso nada tem a temer.

Demorei muito para dormir aquela noite, orei muito, quando consegui adormecer, sonhei que tomava banho na cachoeira e brincava com duas crianças lindas.

No outro dia, encontrei-me com Marcos, ele não demonstrava preocupação, mas senti que estava tenso. Nós nos dirigimos ao gabinete do nosso superior. Ao nos ver, ele se levantou sorridente e nos convidou a entrar.

Após os cumprimentos formais, ficamos esperando que ele falasse.

— Marcos e Simone, temos acompanhado o trabalho de vocês, devo dizer que estamos plenamente satisfeitos com o desempenho dos dois. Diante do quadro apresentado por seus supervisores, resolvi chamá-los para apresentar algumas propostas a vocês.

Trocamos um olhar sem entendermos nada!

— Bem, vou procurar ser breve. Vocês dois chegaram por méritos próprios no nível da livre escolha, estão de parabéns!

Naturalmente as opções ainda são sugeridas por nós. Vocês poderão escolher uma das alternativas que serão apresentadas, e isso só vai apressar o processo de vocês. Sabemos o quanto lutam e já lutaram para ficarem juntos, falta pouco para vocês assumirem uma vida a dois.

Marcos tossiu nervosamente e comentou:

— Senhor, eu compreendi o que o mestre falou, mas a Simone talvez não tenha entendido.

— Desculpe-me, Simone. O Marcos tem razão, vou explanar os fatos de forma que você entenda o que estou tentando colocar para vocês. É o seguinte:

— O Marcos necessita de uma breve passagem em terra, enquanto você assume as tarefas dele por aqui.

— Não entendi, senhor – respondi tremendo.

— Vou repetir: o Marcos necessita reencarnar, e por isso precisamos de você mais do que nunca. Veja bem, Simone, conto com você para dar forças e apoio ao Marcos, e ser responsável pelas tarefas dele até o seu retorno.

Gelei, nunca me havia passado pela cabeça ficar naquela colônia sem o Marcos, muito menos vê-lo partir para a Terra, deixando-me para trás.

Marcos pegou minha mão e tentou me acalmar.

— Simone, não fique triste e nem magoada, o tempo passa tão rápido!

Eu não conseguia pensar e nem falar nada; nosso superior instruiu Marcos, dizendo:

— Passe na secretaria, filho, e pegue o seu manual. Procure se preparar da melhor forma que puder, no próximo grupo de voluntários, você seguirá com eles.

Você também, filha, deve se preparar para assumir o lugar do seu noivo até ele retornar, e novas conquistas serão apresentadas aos dois, tudo vai depender da boa vontade de cada um.

Marcos agradeceu ao mestre e me levou pela mão; um nó apertava a minha garganta, eu não conseguia chorar nem falar, estava em choque.

Jamais imaginei passar por esta situação, sem o Marcos eu não ficaria naquela colônia de forma alguma! Tinha meus pais, tinha amigos, mas era o Marcos a razão do meu viver.

Passamos na secretaria, ele retirou e assinou alguns documentos, ouvi a mocinha falando:

— Amanhã você começa seu curso de readaptação na Terra e você, Simone, deve ir conversando com o Marcos sobre o trabalho que ele precisa passar para você.

— Boa sorte aos dois! Aproveitem bem o tempo que ainda lhes resta, lembrem-se de que a espera pelo ser amado só nos traz benefícios – ela aconselhou, sorrindo.

Olhando para ela como se visse um fantasma, saí sem responder.

Voltei para casa. Por mais que o Marcos tentasse me convencer a prosseguir, eu saí correndo, entrei em casa e tranquei-me no quarto. Logo ouvi as pancadas de leve à porta, era minha mãe pedindo que eu abrisse. Meu pai também me chamava.

— Filha, nós só queremos conversar com você!

Passado um tempo, abri a porta, minha mãe me abraçou de um lado, meu pai do outro.

— Filha, fique calma, você não entendeu que isso é para a felicidade de vocês? É neste momento que você deve demonstrar todo seu amor por Marcos; se fosse a sua hora, Simone, será que ele se portaria dessa maneira?

— Não é fácil, filha, voltar na carne; nós precisamos amparar, incentivar, animar os que seguem. Todos nós temos débitos a resgatar, e também precisamos levar recursos aos nossos, que estão lutando para se libertar, entenda isso, filha.

Enquanto alisava meus cabelos, ela continuava a falar:

— O que é uma vida na carne, Simone, comparando-se à felicidade que encontramos deste lado? Eu consegui chorar, as lágrimas molhavam as vestes de minha mãe. Marcos deixou de ir conosco na crosta terrestre resgatar os doentes, ele estava estudando e preparando-se para voltar à Terra.

À noite, iluminados pela luz da lua, sentados no jardim da casa dos meus pais, ficávamos abraçados, muitas vezes em silêncio observando as estrelas no céu. Eu evitava perguntar ao Marcos se estava perto da hora de sua partida. Ele me fazia juras e juras de amor.

Um dia ele me mostrou uma estrela brilhando no céu e apontando para ela me disse:

— Está vendo aquela estrela ali?

— Estou.

— Pois bem, enquanto eu estiver em terra irei mentalizar aquela luz e sei que vou senti-la perto de mim, o amor não se vê com os olhos, sente-se com o coração. E meu coração está ficando aos seus cuidados, cuide bem dele para mim.

O tempo em que vou ficar longe de você quero que mande muitos pensamentos bonitos através dessa estrela, e forças, eu tenho certeza de que vou receber suas mensagens.

Por favor, Simone, seja forte e me ajude, não está sendo fácil para mim, mas sei que é para o nosso bem. Estou tentando ver as coisas com bastante positivismo, pois é assim que nós devemos mergulhar no mundo carnal.

— Marcos, por que eu não posso ir junto com você?

— Por razões que só a Deus cabe. Eu confio em você e quero que você confie em mim; espero que, quando retornar, tudo seja melhor para nós dois.

Simone, você se lembra de um dia ter me perguntado se eu seria capaz de voltar em terra por você?

— Sim, me lembro!

— Jamais imaginei que essa loucura pudesse tornar-se realidade, mas estou indo por mim e não por você! E vou mais tranqüilo, sabendo que você fica em segurança.

Assim, o tempo corria, um dia encontrei Mara e seu Carlos, os dois trabalhavam juntos. Num momento em que todos estavam ocupados, desabafei com a Mara:

— Estou péssima!

— O que houve? – perguntou ela, preocupada.

— Meu noivo, a única pessoa que eu tenho nesta minha louca vida de espírito vai reencarnar!

— E seu pai, onde está? Você falava tanto nele...

— Meu pai! É um monge, vive num Templo rezando.

— E os seus pais adotivos? – insistiu Mara.

— São dois anjos, mas a minha vida sem Marcos é um vazio, você me entende?

— Claro que entendo! Vou te contar uma coisa legal, mas se você me trair contando para outra pessoa jamais vou perdoá-la. Mesmo assim quer saber? – ela disse, olhando para os lados, verificando se não havia ninguém nos ouvindo.

— Lógico que quero saber.

— Diz respeito à nossa saudosa Terra...

— Tudo que vier da Terra agora me interessa. Para falar a verdade, acho que vou me interessar mais pela Terra do que pelas colônias.

— Nesse vai e vem daqui e de acolá, conheci um grupo de espíritos como nós! Eles podem nos ajudar a sair das nossas colônias sem deixarmos pistas! Podemos voltar para a Terra... Eu estou me preparando para voltar por conta própria! Se você quiser ir comigo, precisamos ir planejando de tal forma que não cause suspeita. O segredo é: demonstrar que está feliz e conformada com sua situação. Precisa ganhar a confiança dos seus superiores e aprender todos os truques que usam os espíritos chamados de zombeteiros; eu, particularmente, os chamo de espertos!

Fingindo cuidar de um doente, ficamos conversando, por fim eu perguntei:

— Isso não é perigoso, não? E se formos apanhados, o que vai acontecer conosco?

— Deixa de ser pessimista, Simone! Nem saiu daqui já pensa em ser presa! Eu sempre tive boas intuições! Lembra-se daquele maldito dia do incêndio? Eu fui tola, deveria ter inventado qualquer coisa e sumir do prédio, mas não, fui logo dar ouvidos a você, que me mandou rezar. Rezei, rezei muito e veja o resultado das minhas rezas: estou vivendo nesse inferno!

Bem, na verdade, o que quero saber é o seguinte: você topa ou não topa deixar a colônia e voltar para a Terra?

— Mara, eu tenho medo. Como vamos viver lá, e onde vamos viver?

— Bem, eu vou voltar para minha casa, vou ajudar meus filhos e, se meu marido arrumou outra, vou tocá-la de minha casa! Trabalhei feito uma camela, você sabe disso, para dar de mão beijada minhas coisas para outra mulher.

— Mara, você já pensou que tudo está mudado, faz tempo que deixamos a Terra. Seus filhos já devem estar moços, seu marido pode ter tido outros filhos, como vai ser?

— Meus filhos eu vou ajudar, pequenos ou grandes são meus filhos! Agora, se meu marido se casou novamente, o que estou sofrendo aqui ele vai pagar caro. Vou atormentar tanto a vida dele e dos filhos que tiver arrumado, que nem Deus vai me impedir! Ela falava e inchava as veias do pescoço.

Mara levantou-se, suas faces estavam vermelhas. Ela falou confiante:

— Se quiser ir, ótimo, vou ajudá-la, se não quiser ir, fique de boca fechada; se souber que você falou isso com alguém, nem sei o que farei com você.

Na volta eu matutava o plano de Mara: voltar para Terra e poder ficar junto de Marcos... Era tudo o que eu mais queria! Seria maravilhoso, mas e na volta, o que iria acontecer comigo?

Voltaria com o Marcos para a colônia? Era uma loucura, eu não iria fazer isso em hipótese alguma, Mara de fato estava louca.

O ciúme de Simone

Com lágrimas nos olhos (era a primeira vez que eu o via chorar), Marcos me comunicou:

— Simone, entenda o que vou lhe passar, na próxima semana faremos o último treinamento para seguirmos rumo à Terra. Gostaria que você ficasse comigo estes últimos dias, nossos superiores já liberaram as famílias para ficarem juntos.

Não respondi nada, engoli seco, minhas pernas tremiam. Senti um aperto dentro de mim, na verdade não queria aceitar sua partida.

Ele continuou falando:

— Vamos visitar Camila, o monge Uziel, aliás, quero pedir a eles dois que cuidem de você. Podemos ir até as colônias dos seus amigos, vamos aonde você quiser, temos essa permissão, o que você me diz?

Fiquei arrasada, sufocada, as lágrimas já banhavam meu rosto. Tudo ali era bonito, perfeito, maravilhoso, mas sem o Marcos eu não sabia o que iria fazer. Agora que chegava o momento de sua partida, eu não estava preparada para este grande golpe.

Chorei todas as minhas lágrimas, precisei tomar um medicamento espiritual, meus pais me cercavam de carinho, tentavam me mostrar sonhos que eu não conseguia enxergar. Os dias seguintes foram os piores de minha vida, todos os amigos me animavam; Camila prometeu ao Marcos me visitar sempre, o monge Uziel também já havia prometido que iria dar toda atenção a mim. Nada disso me animava, parecia que estava morrendo, minha dor era pior que a dor da morte física.

Marcos me dava toda atenção. Dois dias antes da partida dos candidatos à liberdade, como se falava, foi que criei coragem e perguntei ao Marcos:

— Você pode me dizer o que vai fazer em terra e qual será sua missão?

— Bem, a você posso falar. Vou com a proposta de aplicar o que aprendi por aqui: Medicina. Serei, se Deus quiser, um médico!

Como homem, vou casar e receber duas almas sob a minha tutela. Isso vai me ajudar a não me desviar dos meus propósitos, e assim que terminar minha jornada em terra, desejo voltar correndo para esta colônia e poder abraçá-la novamente – ele dizia, com naturalidade.

Aquela frase "me casar e ter filhos" soou dentro de mim como uma bomba!

— Então é isso? – gritei. — Eu fico aqui trabalhando enquanto você vai se deliciar nos prazeres da carne, para depois voltar e eu receber você de braços abertos com beijos e abraços? O ciúme me devorava.

— Simone! O que há com você? Eu não acredito no que estou ouvindo! Por favor, Simone! O que você aprendeu não foi o suficiente para compreender o que é uma passagem em terra num corpo carnal? Estarei apenas assumindo e resgatando três almas para o rebanho do Pai; terei um corpo carnal envolvendo meu espírito que sempre esteve e estará por todo sempre ligado a você!

Amanhã poderá ser você, Simone, e certamente vou estar vibrando os meus melhores sentimentos. Quero lhe dar muitas forças e contribuir com o seu trabalho, esperarei por você de braços abertos e cheio de saudade.

— Você é o doutor Marcos, eu sou a Simone! Não estou neste estágio de santidade, como você! Quer saber de uma coisa, Marcos? Estou cheia disso tudo! Parece que vivo no meio de santos, tudo é natural e normal para vocês! Sabe o que me parece? – eu tremia de raiva – Que os homens são homens em qualquer lugar e em qualquer tempo! São todos uns sem-vergonha – eu saí correndo, antes que ele me alcançasse.

Cheguei em casa ofegante, as pernas doíam, a cabeça girava, sentia tonturas. Minha mãe veio até mim, pegando-me pelo braço e fez com que eu fosse até o quarto. Ajudou-me a deitar na cama e cobriu-me com um lençol. Eu tremia, sentia frio e muita dor no peito. Meu pai trouxe um chá e me fez engolir. Os dois sentaram-se do meu lado, ficaram me olhando em silêncio.

Foi meu pai quem começou a falar:

— Simone, minha filha, por Deus eu lhe imploro, acalme-se! Nós estamos do seu lado, você sabe que pode contar com a gente, mas precisa compreender e aceitar os desígnios de Deus, minha querida. Você, filha, já procurou levantar o porquê de vir parar nesta colônia, o motivo que levou você a desencarnar com um grupo de irmãos que, aparentemente, eram apenas colegas de trabalho? Simone, minha filha, por que arrastar tantos sofrimentos, se vive cercada de tanto amor?

Minha mãe, alisando meu rosto, argumentou:

— Simone, o que posso fazer para você acreditar que todos nós a amamos? Ó, minha filha, tente compreender que muito mais doloroso está sendo para o Marcos ter que partir para uma missão dolorosa, que é a vida carnal, e mesmo assim ele está tão seguro, tão confiante. Analise, Simone, o que você está fazendo com ele! O espírito que mergulha num corpo carnal não pode sair de sua colônia espiritual triste e nem preocupado, mas encorajado e sabendo-se amado.

— Filhinha – ela prosseguiu –, desligue-se do seu corpo carnal! Comece a pensar no seu interior, procure aceitar-se como um espírito liberto das amarras da carne.

Olhando para ela eu respondi:

— Mãe, eu sou a mesma pessoa, tenho o mesmo corpo, os mesmos sentimentos, só não tenho paz. Eu tenho tentado me controlar, mas é difícil, muito difícil...

Meu pai, apertando de leve minha mão, recomendou-me:

— Tome mais um pouco de chá e descanse um pouco.

Engoli o chá sem protestar, eu amava meus pais adotivos.

Adormeci lentamente, acordei ouvindo o canto dos pássaros, levantei devagar e resolvi ir até a cachoeira, o céu estava lindo. A Estrela da Manhã brilhava, parecia sorrir para mim. Fiz uma oração de agradecimento a Deus, pedi forças para que pudesse compreender minha própria vida.

Observei a beleza da natureza, a alegria dos pássaros e borboletas que dividiam aquele belo recanto.

Sentada em frente da cachoeira, prometi a mim mesma que iria ao encontro de Marcos e daria a ele todo meu apoio, todo meu amor.

Assim, retornei para casa com essa determinação. Minha mãe serviu nosso café e comentou:

— Estou feliz de ver seu rosto tão bonito e corado! É assim que gosto de vê-la.

— Mãe, vou agora mesmo procurar o Marcos, quero aproveitar o máximo possível a companhia dele, posso?

— Claro, filha! Não só pode como deve fazer isso. Fique tranqüila, vá passear com ele, namore bastante e procure desfrutar de todas essas bênçãos que Deus está lhe oferecendo.

Com cuidado e ânimo me arrumei, beijei meus pais que pareciam animados com a minha decisão.

— Vou encontrar o Marcos. Como nós aqui não precisamos usar telefone, comunico-me com vocês do jeito que aprendi. Eu já volitava e me comunicava através da mente com aqueles a quem estava ligada emocionalmente.

Saí cantarolando, cumprimentei nossos vizinhos que cuidavam dos jardins de suas casas. Encontrei Marcos no jardim central da colônia; ao me ver, ele abriu os braços, veio sorrindo ao meu encontro. Nós nos abraçamos e ficamos em silêncio por um tempo, fui eu quem falou primeiro.

— Marcos, que tal sairmos por aí?

— Eu acho uma ótima idéia! Vamos aonde você quiser, recebemos esta autorização, meu amor.

Resolvemos ir visitar Camila, o monge Uziel e outros amigos. Nós conversamos bastante sobre o trabalho que ficaria sob a minha responsabilidade. Marcos me animava, dizendo que eu iria tirar de letra!

Fizemos muitos planos para a sua volta, prometi a ele que neste ínterim eu iria me especializar em medicina astral e prosseguir nos trabalhos de resgate.

Ele brincou comigo:

— Faço questão de ser resgatado por você em minha volta!

Combinamos que todos os dias eu estaria olhando para nossa estrela e enviando milhões de beijos em sua direção.

Aqueles dois dias voaram! A colônia estava repleta de amigos e familiares que felicitavam os viajantes; os espíritos responsáveis em acompanhá-los em suas missões estavam confiantes e seguros, sorriam e os animavam. Desse dia em diante, não mais avistei o meu noivo, a não ser já encarnado.

Mas eu não conseguia desviar os meus pensamentos de Marcos.

Planos estranhos

Assumi as tarefas do Marcos; fiquei sabendo pela Camila que ele iria reencarnar no Brasil, em uma cidade do interior. Ficaria ali até ingressar na faculdade de medicina e tornar-se um médico reconhecido por sua especialização.

Eu imaginava Marcos um recém nascido, um menino bonito e inteligente, um adolescente brincalhão, um cavalheiro educado, conhecendo uma moça fina e bonita, casando-se numa igreja bonita e enfeitada... Longe de mim, esquecido num corpo carnal.

Com esses pensamentos, muitas vezes me peguei chorando em sua mesa de trabalho, seu cheiro estava ali presente, a saudade era demais.

Voltei à crosta terrena para dar assistência aos recém chegados, era muito trabalho. Um dia, em plena atividade, deparei-me com seu Carlos, senti-me reconfortada com sua presença. Assim que terminamos nossas tarefas, sentamos e fomos conversar. Perguntei por Mara.

— Ultimamente ela anda muito distante, já fez vários tratamentos, mas de vez em quando tem uma recaída e precisa se recolher. Apesar dessas crises, ela é esforçada, já aprendeu a sobreviver de suas próprias energias.

Eu me arrisquei a perguntar:

— Seu Carlos, o senhor não entra em crise, quando se lembra de sua esposa e de suas filhas?

— Eu estou ligado a elas pelas correntes do amor, recebo muita força para me ajustar em minha nova vida e envio também muito incentivo a elas. Graças a Deus que a minha esposa teve coragem e forças, ela reconstruiu sua própria vida, encontrou um homem maravilhoso que a ampara e também as minhas filhas. Devo muito a este irmão, rezo e torço por eles; Aline já tem mais dois filhinhos, um deles é muito parecido com a minha filha mais nova, você precisa ver a semelhança entre os dois!

Fiquei ouvindo e perguntando-me: como alguém poderia se sentir tão feliz, sabendo que outra pessoa desfrutava da companhia daquela que foi sua esposa?

Parece que ele notou a minha expressão facial e ouviu também os meus pensamentos, pois me esclareceu:

— Simone, a felicidade daqueles a quem amamos nos torna pessoas felizes e realizadas. Tenho muita saudade de minhas filhas e de Aline, mas vivo em paz e cheio de orgulho por fazer parte de suas vidas.

O tempo corria, eu fazia cálculos entre o tempo físico e o espiritual, imaginava o rosto de Marcos, como seria ele?

Tentei arrancar da Camila e até do monge Uziel algo sobre ele. Fui orientada que deveria deixá-lo viver em paz, eu deveria enviar pensamentos positivos e parar de me sintonizar com ele negativamente.

Aprendi a sobreviver como espírito independente dentro dos limites da nossa colônia. Passei a plasmar muitas coisas das quais ainda sentia necessidade, tipo roupas, perfumes, calçados, adornos, etc.

Estávamos socorrendo espíritos que desencarnaram afogados em alto mar. Avistei entre os trabalhadores seu Carlos e Mara, ela também me viu e fez sinal que queria falar comigo. Assim que nos limpamos, fomos até a sala de descanso. Mara me abraçou e perguntou-me:

— E então, Simone, tudo bem?

— Mara, talvez você seja a única pessoa que pode me entender – respondi.

— Abra o seu coração, estou aqui para ouvi-la e ajudá-la.

— Estou vivendo como um fantasma, a minha vida não tem sentido algum longe do Marcos. A colônia é maravilhosa, as pessoas são as melhores que já encontrei na minha vida, mas não encontro paz e nem felicidade.

— Acho que agora você me entende, não é, Simone? Como te disse tempos atrás, me esforcei e aprendi a sobreviver sem um corpo físico, estou pronta para partir e já tenho com quem seguir. Logo, logo, estarei me libertando dessa prisão, para tornar-me livre para sempre – ela confessou baixinho. Tem interesse em nos acompanhar?

— Vontade eu tenho demais, mas tenho receio de sofrer mais do que já sofro.

— Que besteira, menina! Temos o livre-arbítrio, aqui você é livre, mas tem que fazer muito do que eles querem, em terra seremos livres, só faremos o que desejarmos fazer. Claro que não teremos um corpo físico, mas e daí? Este adquirido aqui é muito melhor, não vamos precisar de emprego para sobreviver.

Em breve haverá um encontro entre todos os que desencarnaram conosco, você vai ser convidada, é neste dia que vou escapar. Conheci uma turma de espíritos importantes que fazem o intercâmbio entre as colônias. O encontro vai ser na crosta terrestre, o motivo não sei, mas sei que isso vai facilitar a nossa saída. Se você quiser voltar conosco, preste bem atenção, só estou lhe convidando, porque sinto que você não conseguiu se adaptar por aqui; eu também não, por isso quero voltar. Caso não queira, fique calada e não me traia falando dos meus planos, principalmente com seu Carlos, que vive me pregando sermão.

Pense e reflita, você não é obrigada a ir, mas, se deseja seguir com a gente, vou apresentá-la ao chefe de equipe, nós vamos estar ligadas a ele e seus seguidores.

— Quero seguir com vocês!

— Disfarce e me acompanhe – ela me convidou.

Do outro lado da sala, um rapaz jovem, ruivo e muito simpático, falando bem alto como que desejando ser ouvido por todos, apertando a minha mão falou:

— Deus te abençoe, irmã, que felicidade encontrar pessoas iluminadas como você. Deus é maravilhoso em nos colocar em missões tão grandiosas!

Mara sorrindo e falando baixinho disse:

— Cláudio, ela quer nos acompanhar, é uma boa moça. Eu a conheci no meu trabalho, é confiável.

— Você já explicou para ela nossas condições? – ele inquiriu.

— Ainda não, prefiro que você mesmo fale.

— Bem, mocinha, eu não faço questão nenhuma de levar ninguém à força bruta, porém aqueles que me seguirem me prestarão respeito e fidelidade, trabalharão para mim. Levo vocês em terra, deixo-os livres para fazerem o que quiserem, porém estarão ligados a mim, sujeitos à punição caso desobedeçam minhas ordens. Serão, digamos assim, meus funcionários. Todos assinarão um contrato comigo, afinal eu serei responsável pela estadia de todos em terra. Existem muitos grupos de espíritos desertores em terra, somos organizados, é um por todos e todos por um! No que você precisar todos irão ajudá-la, assim como você deverá ajudar qualquer um ligado a nós. Nada de rebelar-se contra o grupo e pular para outra falange; todos devem ser fiéis à nossa organização.

— Eu sou reconhecida e fiel com todas as pessoas que me ajudam! – eu garanti.

— Ótimo, vejo que você tem caráter – ele aprovou, satisfeito. — Nossa saída da esfera espiritual se dará no encontro marcado entre vocês, que desencarnaram no incêndio. Fique junto da Mara e siga as nossas instruções. Até breve.

Mara, sorridente, me felicitou.

— Não vejo a hora de poder respirar o cheiro da Terra, abraçar minhas filhas, me deitar com meu marido...

— Como se deitar com o seu marido, Mara? Você não tem corpo!

— E daí, ele pode não me ver com os olhos, mas há de me sentir no coração! Estarei com ele da mesma forma que antes. É bom que você não esqueça o que é plasmar, se perder estes ensinamentos, vai penar.

Agüente firme, não deixe ninguém perceber, falta pouco tempo – ela concluiu.

Realmente, dias mais tarde fui chamada na secretaria da colônia. Recebi um convite, felicitaram-me por meu trabalho, nossa supervisora me elogiou muito.

Sentia remorso, quando me lembrava do que ia fazer com meus pais. Eles me receberam de braços abertos, tratavam-me como filha de verdade, era tanto carinho, tanto amor. Pensava na decepção dos meus amigos, o que iria pensar Camila? E o monge Uziel, meu pai?

Por outro lado, imaginava ficar ao lado de Marcos, poder abraçar minha mãe, meus irmãos. Já tinha decidido onde iria morar: na casa do Marcos!

Chegou o dia do nosso encontro, fui instruída que o veículo passaria na colônia e que não havia necessidade de acompanhantes, pois eu sabia me cuidar sozinha.

Meus pais me acompanharam até a saída da colônia, antes de entrar no veículo eles gritaram:

— Simone! Nós vamos estar aqui no final da tarde esperando você! Boa sorte, filha!

Senti um aperto no coração. Eles não mereciam o que eu iria fazer com eles, porém minha decisão já estava tomada: eu voltaria para casa.

O encontro foi num pavilhão enorme, fiquei emocionada, tantos rostos conhecidos. Procurei no meio da multidão por Sílvia, ela não estava presente. Perguntei a um dos coordenadores, que me esclareceu:

— Ela não desencarnou com vocês, sobreviveu ao incêndio, não foi chamada ainda.

Cada um contava sua própria história. Logo fui apresentada aos colegas que seguiriam conosco, ríamos como crianças da façanha que estávamos prestes a fazer.

Avistei o Cláudio no meio da multidão. Ele piscou para nós, era o sinal de que deveríamos sair discretamente e aguardar lá fora.

Assim fizemos, demos a volta pelos fundos do pavilhão, estávamos em vinte e sete pessoas. A tela de ferro foi cortada, Cláudio nos deu sinal para passar depressa pelo minúsculo portão.

Um veículo escuro estava estacionado na estrada de terra. Cláudio recomendou aos homens que iriam nos conduzir que eles deveriam colher nossas assinaturas, e que logo mais ele estaria chegando; ninguém iria sair do esconderijo terreno antes de sua chegada.

O veículo arrancou, mas deu para ver que dois homens colocaram a tela de volta, enquanto Cláudio se afastava em passos rápidos.

Fomos orientados que não deveríamos abrir as janelas, um dos homens ofereceu cervejas e chocolates para nós. Mara

abriu uma cerveja e gargalhou, dizendo:
— Já começo a ser feliz! Há quanto tempo não provo uma maravilha dessas!
Eu aceitei uma barra de chocolate, comi com gosto, realmente era divino.
O braço direito do Cláudio trouxe os contratos, nossos nomes foram colocados e, sem ler, todos nós assinamos, pois ele mesmo lembrou que não precisávamos perder tempo em ler o contrato, uma vez que já estávamos no mesmo barco. Brincando, ele comentou:
— A nossa situação aqui é: se correr, o bicho pega; se ficar, o bicho come.
Mas olha aqui, pessoal, o Cláudio é um cara super legal, se não mancar com ele, vocês vão ter um amigo e tanto! Façam o que ele pede, que não é nada demais para espíritos em nossa situação, e viveremos felizes para sempre.
O que eu me divirto! - comentou, enquanto virava uma lata de cerveja. E, virando-se para mim:
— Aí, boneca, anime-se! Beba alguma coisa para relaxar. Quer ouvir uma música legal? Gosta de rock, samba, valsa, country, religiosa? Me fale o que quer ouvir.
— Tem música sertaneja? – eu indaguei.
— Claro! Ouça essa! É lançamento recente em terra.
Fiquei maravilhada.
Mara cantarolava, o grupo todo estava em festa, e arrastava-me para participar. Acabei me envolvendo nas brincadeiras.
O responsável pela nossa chegada desligou o som e pediu silêncio. Paramos e ficamos aguardando o que ele tinha para nos dizer.
— Pessoal, chegamos em terra. Vocês vão descer e seguir em fila, todo mundo em pleno silêncio, vão se acomodar em quartos duplos. Vocês duas ficarão juntas – ele apontou pra mim e Mara.

O veículo parou em frente de um lindo motel, o responsável por nós deu sinal e falou baixinho:
— Todos descendo sem fazer barulho. Sigam-me.

Fizemos fila indiana atrás dele, passamos pela portaria sem sermos incomodados, no corredor encontramos duas funcionárias limpando o chão, uma delas comentou:
— Credo, Dulce! Que arrepio!

Ficamos na mesma ala, duas pessoas em cada quarto. O homem de confiança do nosso líder nos passou o seguinte recado:
— Todos vocês estão ligados a mim, estarei monitorando cada um. Um passo em falso e estarei aplicando o corretivo do chefe. Não saiam do quarto, aguardem as minhas instruções, até a chegada do Cláudio ninguém sai. Lá vocês vão encontrar tudo o que precisam, bebida, comida e divertimento.

A única coisa que devem lembrar é que para usufruírem desses bens há necessidade de encarnados, o que para a gente não é difícil; é só sugerir a quem entrar nos quartos que eles nos atendem prontamente!

Boa sorte! Vou descansar um pouco e aguardar o nosso chefe com suas novas diretrizes – ele riu.

O quarto de fato era lindo, mobiliado com luxo e bom gosto, havia uma geladeira bem abastecida, revistas eróticas, música ambiente, aparelhos de TV, um conforto só.

Mara foi até a janela e suspirando fundo falou:
— Eu já deveria ter vindo há mais tempo! Vem cá, Simone, dá uma olhada na rua! Está chovendo. Que maravilha ver gente de verdade, usando capas e guarda-chuvas! Estou ansiosa para sair desse quarto, ir para minha casa...

Ficamos debruçadas na janela,
— Veja só, Simone, que maravilha é o cheiro da nossa Terra! Eu não estava preparada para morrer! Deus sabe que

não tenho más intenções, só quero o que é meu. Eu passei todo esse tempo tentando compreender e aceitar que estava morta, mas foi em vão, não consegui esquecer meu marido, minha casa, minhas filhas...

Puxando-me por um braço, Mara sorriu:

— Simone, que tal tentarmos trocar de roupa? Assim vamos ver o que podemos fazer por aqui.

Fechamos os olhos e nada aconteceu, não conseguimos mudar nossos trajes, ficamos apavoradas.

— Vamos nos elevar no ar? – convidou-me ela. Nossos pés não desgrudaram do chão.

O que é isso? – gritou Mara, o que está acontecendo? Nós não saímos do chão!

O aparelho de TV ligou-se sozinho, o braço direito do Cláudio apareceu na tela, estava deitado na cama com uma lata de cerveja na mão e uma linda moça dormia ao lado dele.

Aborrecido, ele nos disse:

— Vocês duas aí! Estão querendo o quê? Ficaram loucas? Ao invés de bancarem as espertinhas, procurem saber o que podem e o que não podem fazer por aqui!

Eu avisei a vocês que estão ligadas a mim! Sem a minha permissão, vocês não poderão fazer nada! O que desejam? Querem beber? Se divertir? O que querem? Mara respondeu:

— Quero tomar uma cerveja e assistir televisão!

— E você, garota, o que quer? – dirigiu-se a mim.

— Eu quero ver televisão, tomar um suco e comer alguma coisa.

— Esperem alguns minutos, logo vocês podem tomar banho, se perfumar, trocar de roupas, beber, ouvir música, ver televisão e até se divertir, se assim desejarem...

Ele sumiu da tela, ficamos olhando uma para a outra.

Passaram-se uns cinco minutos, quando a porta do quarto se abriu dando passagem a um belíssimo casal.

A moça era muito jovem, morena, alta, muito bonita, o homem aparentava ter seus 48 anos, fino, elegante e muito cavalheiro. Tinha uma aliança no dedo da mão esquerda.

Mara me cochichou:

— Ele é casado, olhe para o dedo... Ela deve ser a secretária, ou alguém que trabalha para a esposa dele. Vamos ficar ouvindo, logo a gente descobre quem é ela, até que é divertido ser invisível.

Ele tirou o paletó, a gravata e os sapatos. Ligou o som, preparou dois uísques, entregou um para a moça, puxando-a para junto dele e dizendo-lhe:

— Tire os sapatos e relaxe. Sorrindo, ela retirou os sapatos, e ele pegando em sua mão perguntou:

— O que você achou do quarto, é bom? Vamos conhecê-lo melhor?

Foram até a janela, ele comentou:

— Que vista bonita! Cybele, eu estou louco para entrar numa banheira e relaxar um pouco, vamos lá?

Os dois estavam entrando no quarto de banho, arrastei a Mara:

— O que você vai fazer lá?

— Quero espiar, ora! Eles não me vêem mesmo.

— Não, Mara, isso não! Vamos respeitar a privacidade das pessoas.

— Tudo bem, santa Simone! Mas o uísque eu vou tomar! E outra coisa, nós devemos plasmar ou sugar as energias dela, as roupas, os calçados, o perfume, etc., se quisermos sobreviver! Esqueceu das instruções do nosso chefão?

— Não, não esqueci, mas acho que não precisamos ficar olhando o que eles fazem.

Um sentimento de culpa apoderava-se de mim, os primeiros obstáculos que eu iria enfrentar como desertora já começavam a aparecer.

Ouvimos o homem falando para a moça: "Deve ter sido o vento, deixei a janela aberta". Passaram uns 40 minutos, quando eles voltaram para o quarto.

O homem pediu para a moça:
— Cybele, você faz a escolha do jantar! Enquanto você escolhe, vou pegar uma cerveja para nós.
— Ótimo! – disse Mara –, também quero!
Ele dirigiu-se até a geladeira, Mara atrás dele mentalizando a cerveja, uma lata caiu estourando, ele rindo disse:
— Cybele! Olha que loucura! Uma lata estourando sozinha.
Eu sugeri à moça:
— Peça suco de laranja!
A moça o chamou pelo nome:
— Felipe, dá uma olhada; veja se aprova o meu pedido! Vou pedir suco de laranja também, e, você, o que quer para beber?
— Quero você – disse ele, beijando-a na boca.
Jantamos com eles, sugamos as energias da moça. Ele começou a suar e sugeriu que fossem tomar outro banho.
Enquanto os dois estavam no banho, plasmamos tudo o que ela usava.
Ficamos sentadas, vendo um filme com eles e ouvindo suas conversas. Ele começou a falar da esposa:
— Sabe, Cybele, a Mônica é uma pessoa dinâmica, defende os interesses da família com unhas e dentes. Eu não seria o que sou hoje, se não fosse por ela. Quando nos casamos ainda éramos bastante jovens, recém formados mesmo!
— Ela se destacou primeiro do que eu, quando ela assume algo é prá valer! Profissionais como Mônica existem poucas – acrescentou ele. — Temos um casal de filhos que estudam fora do Brasil. Para falar a verdade, é ela quem cuida do bem estar deles. É uma mãe exemplar, uma pessoa digna.

Quero que você me aceite como sou, um homem comprometido! Amo você, como nunca amei ninguém.

Na vida nem sempre podemos escolher o que necessitamos. Eu preciso de você, gostaria de poder ficar o resto da minha vida do seu lado, mas a vida me escolheu antes para ficar preso à Mônica.

Eu não posso me separar da Mônica, ela é a mãe dos meus filhos, uma excelente administradora dos nossos bens, uma mulher extraordinária.

Só te peço que não me abandone, farei tudo por você! O castigo maior não é seu, é meu! Sou eu quem mais sofro por não poder ficar do seu lado todos os dias.

Mara me cutucou:

— Homem é tudo igual! A tonta está chorando, acreditando que ele é mesmo uma vítima do destino.

A moça, enxugando os olhos, reclamou:

— Felipe, eu não vivo sem você, sofro demais todos os fins de semana que você não pode deixar sua família; sábado e domingo para mim é uma tortura, parece que a segunda-feira não chega nunca! Acho até graça quando ouço as pessoas reclamando da segunda-feira e suspirando pela chegada da sexta-feira. Comigo é o contrário, anseio pela segunda-feira e me entristeço nas sextas-feiras... nas suas férias então... os dias parecem séculos.

Seja tudo o que Deus quiser! Jamais vou me separar de você. Meus pais vivem me cobrando uma posição, o meu irmão mais velho já me pressionou algumas vezes, perguntando por que eu não levo meu namorado em casa.

— O que você disse para ele? – quis saber Felipe.

— Ah! Eu respondi que ainda não estava certa se ele era o homem da minha vida. Sou obrigada a mentir, é isso que me deixa triste, porque você sabe o quanto te amo, como gostaria de levá-lo em minha casa e apresentá-lo como o homem que amo.

— Eu não vejo a hora que você complete a maioridade! Assim vamos ter mais um pouco de liberdade – ele acrescentou.
— Falta pouco, só restam seis meses – ela o consolou, beijando-lhe o rosto.
— Assim que você atingir sua maioridade, vou montar um apartamento para nós, quero que você aprenda a dirigir, pois vou lhe dar um carro. Não posso me casar com você, mas posso lhe dar algum conforto que hoje não posso, pela sua idade.
Suspirando fundo, ela sentiu-se a pessoa mais feliz do mundo.
Alisando o peito dele, ela comentou:
— Sabe, Felipe, as raras vezes que dona Mônica aparece no seu escritório, tenho impressão que ela me olha com desconfiança! Por telefone, então! Ela é educada, mas fala comigo assim: "Bom dia, Cybele, por favor o Felipe". Quando digo: "Ele está em outra ligação, a senhora pode aguardar, ou peço que ele ligue para senhora logo em seguida?", simplesmente ela responde rápido: "Peça-lhe que ligue, obrigada!"
— A Mônica não desconfia de você em hipótese alguma, aliás eu falei para ela que você é noiva, e que seu noivo é louco por você! E não menti, você é minha noiva! E eu sou louco por você.
Já passava das vinte três horas quando eles deixaram a suíte. Duas funcionárias foram fazer a limpeza, uma delas comentou:
— Gente rica é bem porca! Olha só o que derramaram aqui!
A outra respondeu, benzendo-se:
— Bebem demais, entram aqui feito loucos! Entram aqui acompanhados de tudo que não presta! A minha mãe sempre diz que estes lugares são todos negativos, por isso quando chego em casa ela faz com que eu tire a roupa e deixe lá fora.

Eu não vejo a hora de me chamarem naquele outro emprego e cair fora daqui; entro nesses quartos e fico toda arrepiada, parece que tem fantasmas morando dentro deles.

— Deixa de bobagem, Josefa! Vamos limpar e arrumar logo, que já tem gente aguardando para usar.

— Esse cheiro de perfume vira o estômago da gente – queixou a outra.

Assim que elas saíram, Mara comentou:

— Se elas nos vissem, cairiam mortas de susto! Mas dá uma olhada em você e em mim! Estamos belas, estamos ou não estamos?

Assim que elas deixaram o quarto, ouvimos uma voz na TV nos chamando:

— Olá, meninas! Aqui é o Sérgio, o anjo de guarda de vocês. Gostei de sua atuação, Mara; Simone, fique esperta! Está muito metida a menina recatada. Lembre-se que você está entre nós e precisa colaborar com todos os seus colegas. Cláudio agora quer vê-las.

Saímos e no corredor nos perguntamos:

— Onde fica o quarto dele?

— Aqui! – ele estava na porta, acenando. Cláudio, sentado na cama com os contratos na mão, rindo nos cumprimentou sarcasticamente:

— Bem vindos, meus queridos viajantes siderais! Trago boas notícias para vocês! Amanhã mesmo todos estarão nas ruas trabalhando e poderão se alojar onde desejam. Como todos já sabem, estão sendo monitorados pelo Sérgio, ele vai distribuir as tarefas de cada um, espero que vocês façam todo trabalho sem me causar problemas.

Vou entregar uma cópia do contrato para vocês lerem com calma e obedecerem todos os itens sem falhar um. Sou generoso com quem trabalha correto. Nada de sentimentalismo, pudores, etc. Está me ouvindo, senhorita Simone?

Queria liberdade, queria voltar, está livre e em terra! Agora é só desempenhar bem suas tarefas.

Recebemos o contrato em mãos com a recomendação que lêssemos com calma para não haver dúvidas.

Sérgio virou-se e disse:

— Vamos começar por vocês duas, a primeira tarefa é cuidarem daquele casal que vocês conheceram hoje e até usam os trajes e perfumes da moça; ficou bem em você, hein, Simone? – gracejou com um olhar malicioso.

— Bem, deixa pra lá o que estou pensando! Vamos ao que interessa: vocês já colheram algumas informações sobre eles, o sujeito é casado, ela ainda é de menor, a tarefa de vocês é fácil!

Vão incentivar o irmão da moça a segui-la e descobrir que o namorado dela é casado; vão colaborar no escândalo que irá destruir o casamento do Felipe e desmoralizá-lo perante os filhos, amigos e sociedade. Queremos vê-lo lambendo o chão.

— E a Cybele? – perguntou Mara.

— Não nos interessa! O irmão dela deve resolver o caso, depois isso é problema deles.

Vamos dar três meses de prazo. Caso tenham sucesso antes, vamos abatendo a dívida de vocês. Por outro lado, veja só, Mara! Estará amanhã mesmo em casa com o seu maridão!

E você, Simone, estará abraçando e beijando a mamãe, e logo, logo, indo visitar o Marcão! Não é compensador?

Eu engolia em seco, jamais me imaginei fazendo maldades com as pessoas. Começava a sentir medo da besteira que tinha feito com a minha vida.

Voltamos para o quarto, as duas arrumadeiras terminavam de ajeitar a cama. Mara gritou:

— Andem logo, meninas, que quero me deitar! Depois, gargalhando alto, completou: como é bom ser invisível!

Deitadas na larga cama, Mara me pediu para ler o contrato em voz alta, alegando que tinha dificuldades para ler. O contrato rezava mais ou menos nestes termos.

Parágrafo 1: O contratado se compromete a honrar todos os itens deste contrato. O mesmo está legalizado pelas leis do baixo astral, sujeito a alterações que se fizerem necessárias. Este contrato é indissolúvel, não dando direitos ao contratado de questionar nenhuma de suas cláusulas.

Conforme eu lia lendo, sentia um fogo tomar conta do meu ser, cada item ali era um absurdo!

Nas leis da Terra nenhum ser humano se sujeitava àquilo, como poderia um espírito aceitar aquelas barbaridades?

Na verdade, assinamos um contrato no qual vendêramos a nossa liberdade, tornando-nos escravas de seres do baixo astral, que nos obrigavam a praticar crimes hediondos contra pessoas inocentes.

Comecei a chorar na metade da leitura, Mara ficou séria e tentou me acalmar.

— Simone, você ouviu o Sérgio falando que conforme vamos concluindo nossas tarefas, nossas dívidas vão sendo abatidas! Vamos nos empenhar e muitas destas coisas que estão aí escritas nem vamos fazer, você vai ver!

No outro dia cedo, ouvi o apito de uma fábrica, buzinas de carro. Levantei-me e chamei Mara, logo estávamos nos juntando ao grupo.

Sérgio nos convidou para tomar café e nos instruiu que prestássemos atenção no que ele ia fazer e tentássemos fazer igual.

Estirou os braços em direção a um senhor que lia um jornal e fazia contas em um bloco de papel. Sérgio em voz alta falava:

— Pegue a xícara, coloque café e leite, pegue isso, pegue aquilo, o homem obedecia aos seus comandos. Depois, Sérgio duplicou o terno e os sapatos do sujeito, ficou vestido igual a ele.

Vão, se virem! Vão praticar que vocês vão precisar muito fazer isso daqui por diante.

Todos estavam sugando energias, eu comecei a sentir fraqueza, aproximei-me de uma senhora e comecei a sugerir a ela o que eu gostaria de comer. O marido dela, que comia feito louco, pois era sugado por três espíritos famintos, falou com a boca cheia:

— Estou te admirando, Ana, você não é de comer frutas!

— É verdade, eu não sou de comer frutas, mas me deu uma vontade danada!

Mara parecia bem satisfeita, eu também tinha saciado a minha fome. Havia uma senhora sentada à mesa, ela usava um xale muito bonito. Mara disse em voz alta:

— Vou duplicar um xale para mim. Quando chegou perto da senhora, Mara deu um grito, caindo no chão, rolando de dor.

Eu fiquei chocada, a senhora continuava tranqüila, tomava o seu chá bem devagar.

Sérgio se aproximou da Mara e soprou algo nela, como uma fumaça cinza; ela parou de se contorcer e ele a ajudou a se levantar do chão.

Todos estavam assustados. Ele nos chamou num canto e mostrou algo em que não havíamos reparado:

— Antes de vocês se aproximarem das pessoas, observe-as de longe, veja aquela senhora, aquele senhor, aqueles jovens naquela mesa, todos eles têm um contorno azulado límpido em volta do corpo. Nestes aí vocês não podem tocar. Eles são os tais protegidos das entidades de luz! Os chamados trabalhadores de luz! Os médiuns!

Lembrei-me que minha mãe era um médium que trabalhava com os seres da luz e senti medo só de pensar que não poderia abraçá-la mais. Como eu poderia saber que Sérgio era ignorante em vários aspectos?

— Faça a sua parte – avisou Sérgio olhando para mim! Fiquei em dúvida se ele me cobrava algum trabalho ou ouviu o que eu pensei. Então lhe disse:
— Não entendi. Ele me respondeu:
— Tire sua mãe daquele lugar! Você deve chegar perto dela, é o que vai precisar! Trate de afastá-la desse tal Centro Espírita.

Não quero problemas, você já deu sinais que vai dar algum problema, eu estou de olho em você, ouviu?

Enquanto ele falava comigo, vi um dos nossos sugando as energias de uma garota. Ele se divertia, proclamando em voz alta:
— Eu sou o máximo! Vejam o que fiz!
Fui até ele e retruquei:
— Você pode ser muito corajoso, mas isso para mim é covardia! Como pode fazer algo tão triste com alguém que não lhe fez mal algum?

Começamos um bate boca, que já estava envolvendo outros membros do grupo, alguns me apoiavam, outros discordavam de mim.

Mara, do meu lado, pedia:
— Pare, Simone! Cuidado! Você não pode tomar partido de ninguém, muito menos de pessoas encarnadas e desconhecidas!

Eu não dava ouvidos ao que ela me dizia e continuava colocando os meus pontos de vista. Sérgio, sentado numa mesa, só nos observava, enquanto absorvia as emanações de um copo de cerveja. Depois, veio até mim, esbofeteou-me várias vezes. Chutou-me no ventre, nas costas e, quando eu já estava quase perdendo a consciência, parou com um dos pés encostado no meu peito.

— Preste atenção, santinha, hoje eu te dei só uma amostra do que posso te dar! Da próxima vez que você tentar bancar advogada do diabo entre nós, vou te colocar no seu devido lugar.

Não me provoque, sua vadia! Eu estou aqui para dar ordens e você deve me obedecer, ouviu bem?

Virando-se para o grupo, gritou:

— Todos aqui estão me ouvindo, não é mesmo? Eu poderia aplicar nos que concordaram com esta "santa das profundezas do inferno" a mesma lição, mas devo guardar minhas energias para uma próxima oportunidade.

Vem cá, Marcelo, você deu uma demonstração de capacidade e coragem. De hoje em diante, quero-o próximo de mim, será meu secretário particular. O rapaz, satisfeito, passou perto de mim e me falou ao ouvido:

— Ainda vamos acertar as contas pendentes.

Sérgio me empurrou de lado, soprou algo sobre mim, era uma fumaça negra, e a dor cessou um pouco.

— Pode se levantar – ele me avisou. Levantei-me sentindo a cabeça rodar.

Vá, retire as energias de quem você quiser e refaça-se agora mesmo! – ordenou.

Fiz aquilo automaticamente.

Ele me pegou pelo braço e em altos brados ironizou:

— Você está aqui é para obedecer nossas ordens, ouviu bem? Pare de bancar a boa samaritana! Na próxima vez que pegar você falando em justiça, vou te aplicar melhor a nossa justiça!

Você não está mais na colônia onde era paparicada, não! Você está em terra e sob as minhas ordens! Aqui, minha querida, vale aquele ditado: "Em terra de cego, quem tem um olho só é rei!". Esse olho que tem sou eu! E não você!

Lembre-se, minha querida, você está no planeta Terra, onde "manda quem pode e obedece quem tem juízo". Não me faça perder o juízo ou vou reduzir você em algo que você nunca imaginou ser possível.

Vamos lá, bando de incompetentes! Hoje é um dos dias que, por um nada, chuto um!

Passou pela portaria empurrando o guarda, que só não caiu, porque o colega amparou. Ainda ouvi o rapaz comentando:

— Nossa, Edvaldo, você bebeu? Parecia bêbado em fim de festa, tropeçando em nada!

Antes de nos deixar, Sérgio recomendou:

— Mara, cuide desse "saco de problemas" que você nos arranjou! Vou alertar o Cláudio que selecione melhor o que vai me entregar. Se eu soubesse que ia ter tantos aborrecimentos com essa aí, jamais teria deixado ela nos acompanhar.

Mara prometeu ficar de olho em mim. Quando eles se afastaram, ela queixou-se:

— Olha o que você me arranjou! Simone, você está louca? Por que está fazendo isso? Se não desejava vir, por que veio?

Passamos o resto da noite em silêncio, não tínhamos assuntos.

No outro dia logo cedo, Sérgio foi nos buscar para darmos início as nossas tarefas.

Chegamos à casa da Mara, ela olhou para o quintal da casa e gritou:

— Mudaram tudo! Cortaram minha mangueira, meu limoeiro, eu vou saber quem fez isso! Ah! Se vou! Vejam só, plantaram rosas e gramas! Isso tem dedo de alguma sirigaita! Minhas filhas não fariam isso, elas sabiam o quanto eu amava meus pés de frutas.

Antes de se esconder em sua casa, Sérgio gritou:

— Amanhã cedo, você e Simone iniciam suas tarefas, ok? Estou passando aqui para apanhá-la!

Chegamos à casa da minha mãe, era a primeira vez que eu via aquela casa...

Sérgio me lembrou:

— Cuidado com suas emoções, mocinha! Observe bem o local, nunca esteve aqui, e mesmo sendo um espírito pode tropeçar em alguma coisa deixando pistas, ainda mais que sua mãe vive metida dentro de um "Centro Espírita". Não chegue perto dela e, se por acaso perceber que ela acende luz em sua direção, esconda-se!

— Acender luz como? Perdoe-me, senhor, eu não compreendi.

— Acender uma luz em sua direção é rezar por você, sua espertalhona! Amanhã cedo passo por aqui para levá-la ao local de trabalho. Não arrume problemas, eu tenho muitas qualidades, mas uma das que me falta é a paciência! Um passo em falso e verá como eu falo a verdade.

Entrei no quintal nas pontas dos pés, o jardim bem cuidado, ervas medicinais, flores que ornamentavam e perfumavam o ambiente.

Senti o cheiro bom da comida de minha mãe, andei bem devagar, passei pela porta que estava fechada. Um dos meus irmãos estava sentado assistindo televisão, eu não pude identificar quem era dos dois.

Senti um aperto no coração, ele baixou a televisão e ficou olhando e tentando ouvir algo. Senti medo, fiquei parada onde estava. Será que ele me viu?

— Mãe? A senhora me chamou?

— Não, filho! Eu não te chamei, não!

— Ouvi o barulho do chuveiro e alguém cantando no banho.

— Anda logo, Francisco, com esse banho! – gritou minha mãe.

Então o que estava na sala era o mais novo! Estava um rapaz lindo, usava barbas bem aparadas.

Evitei passar na frente do meu irmão e fui até a cozinha,

minha mãe arrumava a mesa, os cabelos brancos presos num coque. As feições bem diferentes de como a havia deixado.

Meu irmão saiu do banho vestido num roupão e beijou minha mãe no rosto.

— A senhora vai ser avó! A senhora vai ser avó!

— Francisco, meu filho, você não podia esperar se casar primeiro para ter feito o que fez?

— Mãe! Eu amo Clarice, nós estamos felizes, e, depois, me caso a semana que vem! Qual é o pecado?

— Ah! filho, você já pensou se sua irmã estivesse com a gente?

— Mãe, a Simone está melhor do que qualquer um de nós! Não foi isso o que ouvimos?

— Foi, filho, não sei lhe dizer o porquê, mas estou sentindo um aperto no coração! É como se ela quisesse falar comigo, nunca senti isso antes, é uma sensação estranha.

— Vamos chamar o Pedro, e antes de jantarmos vamos fazer uma oração.

Saí correndo e esperei lá fora, decidi que só iria retornar quando eles fossem deitar. Então meu irmão ia ser pai! Eles estavam bonitos, minha mãe parecia feliz e bem cuidada, apesar da idade; meu Deus, como tudo estava mudado!

Fiquei observando o céu, não dava para ver as estrelas; na colônia o céu parecia um tapete de luz, com tantas estrelas brilhando.

Fiquei imaginando a repercussão que devia ter dado a minha fuga, meus pais adotivos deveriam estar muito decepcionados comigo. Thaís, Camila, o monge Uziel, seu Carlos, que me deu tantos conselhos, o pai José, enfim, todos os amigos que me ampararam.

Comecei a me questionar: será que fiz o melhor? Estava ali do lado de fora da minha casa, ninguém podia me ouvir e nem me ver, apenas minha mãe e meu irmão mais novo sentiram algo e, pelo que pude entender, não foram sensações boas. Voltei para casa e não podia usufruir dela como sonhei. Fui até o portão e fiquei olhando a rua, um senhor passeava com o seu cachorro preso numa corrente. Quando pararam em frente do portão, o cão avançou em minha direção, latia e avançava, o dono gritou:

— O que houve, Rex? Não tem nada aqui, amigão. O cachorro me olhava raivoso.

Resolvi dar uma volta, olhar o nome da rua, descobrir que bairro era aquele. Logo descobri onde me encontrava, estava perto da casa onde morei, e decidi ir visitar tia Alzira; quem sabe ela iria me ver e me acolher do jeito que eu precisava.

A casa estava praticamente do mesmo jeito. Entrei devagar, os móveis, cortinas e tapetes eram novos, fui até o quarto da minha tia, ela estava recostada na cama, lendo o Livro dos Espíritos, de Allan Kardec. Fiquei observando-a de longe, os cabelos brancos e algumas rugas marcavam o seu rosto. Notei que em sua volta havia aquele cinturão azul, lembrei-me do que havia falado o Sérgio.

Fiquei parada em frente da cama, ela baixou o livro, tirou os óculos e olhou na minha direção, perguntando:

— Em nome de Deus, quem está aqui? Sei que é um espírito sofredor, mas se o Pai permitiu que entrasse em minha casa é porque eu posso lhe ajudar. Não posso te ver, mas posso sentir sua presença. Vou fazer uma prece por você, não posso lhe enxergar, pois estás preso numa nuvem negra.

Ela começou a orar, eu comecei a chorar, então os espíritos de luz me viam assim? Presa em uma nuvem negra, sem rosto e sem forma? A minha tia era um espírito de luz, eu sabia disso.

Alguém me arrastou pelos cabelos, puxando-me para fora de casa, era o Sérgio. Chutou-me como se fosse um bicho, só parou de me chutar, quando viu que eu já estava perdendo a consciência.

— Eu te avisei que não desse nenhum passo em falso, você está me causando problemas, se me aprontar mais uma, vou entregá-la ao Cláudio e ele que leve você para onde quiser, aí saberá que estamos falando sério.

— Perdão, Sérgio, eu não fiz por mal, só queria ver minha tia.

— Procure ficar longe dessa mulher! Ela é perigosa para nós. Quanto à sua mãe e aos seus irmãos, não se aproxime deles, mas fique de longe incentivando para não irem mais naquele lugar. Assim que eles desistirem de ir lá, você vai poder conviver com eles, lado a lado na mesma casa.

Dominada pela tristeza

Depois de ouvir muitas advertências do Sérgio, entrei em minha casa.

Fui olhar meus irmãos que dormiam tranqüilamente, suas roupas bem passadas, penduradas num cabide, minha mãe cuidava de tudo, como sempre.

Na sala descobri que havia um quadro com a minha foto, eu sorria, foi o tempo mais feliz da minha vida. Ao lado do quadro, numa estante, um vaso com rosas brancas e uma folha de papel. Peguei a folha e comecei a ler. Era um pequeno poema, psicografado pela minha tia Alzira no Centro onde trabalhava.

"Em breve estarei presente entre os viventes, sem me afastar de você. O amor não separa, une as almas em laços de luzes.

Quando me deitar neste corpo preparado, as estrelas me olhando, uma delas me falando de como você está.

Viverei como num sonho, louco para acordar.

Quero abrir os olhos e sentir seu cheiro, o seu olhar... Muitas e muitas histórias vou te contar.

Quantas e quantas vezes viajei para este lado de cá?
Ou fiquei a tua espera do outro lado de lá?
Apesar de tantas saudades, maior é minha esperança de saber que vou voltar! Encontrá-la tão bonita, felizes vamos ficar.
Minha amada, vida minha, voltei para buscar,
Os frutos que são tão nossos! Quero lhe presentear, o troféu da conquista de um ser encarnado.
Até à volta, minha querida... Procure se cuidar.
Vou te amar por todo sempre, aqui e em qualquer lugar...
Pelo espírito de Marcos."

A data registrava dois meses antes dele reencarnar. Então o Marcos tinha visitado o Centro Espírita e deixado algo para mim? Será que ele previu que eu também viria?

Com cinismo, ouvi o Sérgio falando:

— Não, querida! Ele deixou isso na esperança que você recebesse através de sua tia! Ele sonhou que ela pudesse ir até sua colônia, claro! Assim que ela desencarnasse e lá declamasse o poema dele para você!

Fui deslizando pela parede, sem acreditar no que acabara de ouvir.

Aquele poema falava das estrelas, eu e Marcos combinamos que iríamos nos comunicar através das estrelas, eu não tinha dúvidas, era uma mensagem dele para mim.

Eu estraguei tudo, agora estava aprisionada num calabouço de trevas.

Fiquei com medo do Sérgio, ele de fato estava em qualquer lugar. Fui incentivada por ele a ir até o quarto da minha mãe. Ela dormia, estava tão serena, parecia um anjo adormecido.

— Chame por ela.

Assim que o fiz, vi que o corpo da minha mãe estremeceu, ela se virou de lado.

— Vai, vai, fale com ela! – gritava Sérgio.

— Mãe, eu estou aqui... Sou eu, Simone.
— Ela sentou-se na cama, passou a mão pela cabeça, olhou para os cantos, pegou um copo com água, bebeu e começou a rezar.
Enquanto ela rezava, meu corpo doía, a minha voz não saía. Assim que ela terminou de rezar, tornei a chamar:
— Mãe... Sou eu, Simone!
— Minha filha, você está aqui? – ela falou em voz alta.
— Sim, eu estou aqui. A senhora pode me ouvir?
— Meu Deus! Estarei louca? Tive a impressão que ouvi a voz da Simone.
— Não, mãe! Você não está louca, sou eu mesma! Eu preciso de você, mãe! Fique comigo.
Ela começou a chorar, vi que o cinturão em volta do seu corpo mudava de cor, ficava cinza.
— Sérgio me dizia: ótimo, continue.
— Mãe, eu quero ficar aqui, me ajude!
— Sim, minha filha, eu vou ajudá-la, fique junto de mim.
Ela passou o resto da noite sem fechar os olhos, eu intuindo o meu desejo: queria ficar ao lado dela, e queria mesmo!
No outro dia cedo, ela se levantou com dor nas pernas, foi até a cozinha, fez café, abriu a janela que dava para os fundos, olhou as estrelas e mentalizou o poema do Marcos.
Meu Deus! Será que é mesmo a Simone que esteve comigo, ou será algum espírito zombeteiro? Ela mentalizava.
— Não, mãe! Sou eu mesma! – soprei em seu ouvido.
Ela ficou arrepiada.
Nisto meu irmão caçula entra, senta-se para tomar café, ela começa a chorar, contando o que estava sentindo.
— Mãe! Pelo amor de Deus, não dê ouvido a espíritos brincalhões! A senhora acha que depois de tanto tempo a Simone iria voltar para deixá-la triste?

Ainda bem que amanhã é dia de irmos ao Centro, lá a senhora vai comentar isso com o nosso dirigente, ele vai te orientar. Por favor, não fique mentalizando sofredores aqui dentro da nossa casa.

Eu não ia te contar, mas já que a senhora tocou no assunto, deixe-me falar: ontem à noite, eu estava assistindo TV, senti uma presença negativa entrando na sala. Vinha se aproximando de mim, graças a Deus que mentalizei o nosso mentor, e vi quando um vulto negro sumia pela parede.

Deve ser esse mesmo sofredor que usou o nome de minha irmã para brincar com os seus sentimentos, não dê ouvido, reze e peça ajuda aos nossos mentores.

O que a senhora tem na perna? – tornou ele desconfiado, vendo que ela mancava.

— Não sei, filho, por não dormir direito esta noite, acho que me virei muito na cama e devo ter dado um mau jeito!

— Não estou gostando disso! Vamos ao médico.

— De jeito nenhum! – protestou minha mãe. — Não é por causa de uma dorzinha na perna que você vai deixar de ir ao trabalho! Se eu não melhorar te aviso, mas agora nem pensar!

Meu irmão mais velho chegou e entrou na conversa:

— Mãe, pelo amor de Deus! Não fique pensando besteiras. Eu quero que a senhora viva o suficiente para curtir seus netos! Eu tenho que ir ver a pintura do meu apartamento, o seu médico fica lá perto; a senhora vai comigo e com a Marina ao médico nem que seja amarrada! Vá se arrumar, eu não tenho pressa, vou esperar a Marina, vamos com o carro dela.

— Mas, Francisco, eu não tenho nada! – protestou ela.

— Ótimo! Graças a Deus! A gente não vai ao médico só quando está doente, vamos antes de ficar, certo?

— Pode ir trabalhar tranqüilo, Pedro, eu vou levá-la ao médico.

— Então me ligue – pediu Pedro. — Quero saber o que diz o médico, e, se precisar de alguma coisa, eu volto correndo. A senhora esqueça os trabalhos de casa, a empregada deve estar chegando! Vá se arrumar.

Minha mãe saiu resmungando, eu a segui.

Nisto ouvi a voz do Sérgio. Mara me esperava lá fora, saímos pela calçada, passamos por algumas pessoas que quase esbarravam na gente.

Mara comentou:

— O que deu em você, Simone? Anda desafiando o Sérgio? Ele me contou que você andou aprontando. Eu vou te avisar uma coisa, gosto muito de você, mas não vou me prejudicar por sua causa. Se você insistir em bancar a mocinha da nossa história, eu vou pedir ao Sérgio que coloque você para trabalhar com outra pessoa, eu estou satisfeita em ter voltado.

Sem esperar resposta, ela continuou falando:

— Ontem mesmo já tive bons resultados: a sirigaita que tomou o meu lugar começou a sentir na pele os efeitos da minha presença. Dormi agarrada com o meu marido, ele pensa que sonhou comigo, mas não foi sonho, eu o incentivei falar meu nome em voz alta! Ele me obedeceu direitinho... Foi super legal, a sujeita viu que ele estava excitado e me chamando, ela quase teve um enfarte, brigaram o resto da noite. Eu pedi a ele que falasse para ela o que sentia por mim, ele repetiu bem seguro: "você sabe que Mara foi e é a mulher da minha vida!"

O caminho foi aberto para mim! Achei ótimo ele não ter nenhuma religião, isso me facilitou muito as coisas, ele não reza e nem ela!

Ah! Minhas filhas estão lindas! A mais velha se casou e espera um nenê. A outra está fazendo faculdade, é secretária. Meu marido tem dois filhos com a sirigaita, vou arrancar ela da minha casa com as suas crias, você vai ver!

— Mara, eu estou arrependida de ter vindo, há algum jeito de poder voltar? – perguntei desesperada.

Ela gargalhou e colocando as mãos na cintura me alertou:

— Simone, você mesma leu o nosso contrato, querida! Fala logo se vai começar aprontar, senão hoje mesmo quero me desligar de você, não quero me prejudicar por sua causa. Pelo pouco que entendo, você pode voltar, mas será levada para um dos esconderijos do Umbral, onde vai servir como escrava para muitos espíritos bem piores que o Sérgio.

— Então estamos perdidas! – exclamei com tristeza.

Encontramos o tal irmão da Cybele, ele estava bebendo com outro colega. Mara falou baixinho:

— Fica do lado de um que eu fico do lado do outro, vamos começar a fazer o nosso trabalho.

Logo mais os dois estavam combinando para descobrirem quem era o namorado secreto de Cybele.

Fomos procurar a esposa do senhor Felipe, Mara chegou perto dela e soprou-lhe no ouvido:

— Você acha justo trabalhar como uma louca, enquanto seu marido se diverte com outra?

Ela balançou a cabeça e respondeu consigo mesma:

— O Felipe jamais teria coragem de fazer isso comigo!

Mara tornou a sugerir:

— Não mesmo? Por que não começa a investigar? Enquanto você se mata de trabalhar, ele se diverte, sua boba.

Nisto entrou Felipe, estava bem vestido e perfumado, abraçou a esposa dizendo:

— Mônica, não me espere para jantar, hoje tenho uma reunião com alguns empresários que estão prestes a fechar aquele negócio que você mesma achou interessante. Ia até pedir para você me acompanhar, mas como sei que só vai ter homens, acho que você poderia se sentir deslocada.

Sugestionada por Mara, ela olhou o marido de cima para baixo, sentiu o seu perfume e perguntou:
— Onde será o encontro de vocês?
Como não estava esperando por essa pergunta, ele se embaraçou um pouco antes de responder:
— Pedi a Cybele que reservasse o restaurante e você sabe como sou desligado, nem perguntei onde será.
Mara voltou:
— É mentira dele! Vá atrás.
A mulher ficou parada, olhando para ele com desconfiança.
— O que foi, Mônica? – perguntou o marido.
— Nada, Felipe, é que de repente me surgiu um pensamento.
— Que pensamento?
— Eu nunca me preocupei em saber se suas ausências são todas para tratar tão-somente dos nossos negócios!
Tomado de surpresa, ele protestou:
— Eu admito tudo, menos que você desconfie de mim!
— Calma, Felipe! – ela conciliou, não posso sentir ciúmes de você?
Abraçando-a, ele garantiu:
— Você não tem motivo nenhum!
— Vai com Deus – disse Cybele –, desculpe minhas bobagens.
— Ainda bem que você reconhece que falou uma bobagem, eu jamais lhe faria qualquer mal; você é a pessoa mais importante da minha vida, não a deixo por mulher nenhuma do mundo!
Mara se encheu de raiva e virou-se para mim, falando em voz alta:
— Viu, Simone, como os homens são falsos? Morra de amor pelo seu Marcos! Não vai demorar muito tempo e você

vai ter a oportunidade de ouvir ele fazendo juras de amor eterno para outra mulher, vamos ver o que você vai sentir.
Aquilo mexeu comigo, realmente. Felipe enganava a esposa, isso eu vi, e jurava amá-la mais que tudo na vida! A coitada se sentiu até culpada por ter insinuado uma desconfiança.
Nosso trabalho foi iniciado, eu caí na real, não tinha como voltar e não podia cometer imprudências, o castigo do Sérgio era cruel.
Voltei para casa no final da tarde, minha mãe estava recostada numa cadeira de balanço ouvindo uma música muito bonita.
Sem chegar muito perto, sussurrei no ouvido dela:
— Mãe! Sou eu, Simone, posso ficar aqui?
Sem abrir os olhos, ela me respondeu:
— Esta casa é sua, minha filha, fique comigo, eu sei que você está aqui.
— Mãe, por favor, não vá mais ao Centro Espírita! Se a senhora for, eles vão me mandar embora, e eu vou sofrer muito! – gritei.
— Eu não vou mais no Centro, filha, quero que você fique comigo. Não vou comentar nem com os seus irmãos, nem com Alzira, mas quero senti-la perto de mim. Simone, filha, se você estiver mesmo aqui, me dê um sinal?!
Eu tentei derrubar alguma coisa, apagar a luz e nada! Ouvi a voz do Sérgio perto de mim:
— Faz ela lembrar-se de como você foi e como morreu!
Vi minha mãe se contorcer de dor, enquanto as lágrimas desciam pelo rosto.
Com a mão no coração, ela murmurava meu nome baixinho.
O círculo azul em volta dela ficou cinza escuro. Aproximei-me dela devagar, coloquei uma mão e depois a outra. Abracei-a, beijei-a, ela sorriu:

— Sinto minha filha novamente perto de mim.

Meu irmão chegou e chamou a atenção dela:

— Isso é hora da senhora estar ainda de pé? Por isso que fica com dor nas pernas! Vai para o quarto, mãe! Vai descansar na sua cama!

Eu soprei no ouvido dela para que falasse:

— Que falta faz minha filha!

Meu irmão ficou calado, olhando para ela; enquanto isso, ela se afastou sem dar o beijo de boa noite, que nunca deixou de dar.

No outro dia cedo, eu pedi:

— Mãe, eu estou cansada, ainda é cedo, vamos ficar um pouco mais na cama. Não vá fazer café para eles, deixe que eles se virem!

Meus irmãos se levantaram e foram correndo ao quarto de minha mãe; colocaram a mão na testa dela, pareciam assustados.

— Mãe, a senhora está bem? – perguntou Francisco.

— Estou, filho, acho que aquele remédio me deu muito sono, perdi a hora e nem fiz o café de vocês.

— Não se levante, eu vou esperar o Pedro tomar banho, enquanto isso eu faço o café.

Ela fez menção de levantar-se, puxei seu braço e insisti:

— Fique, mãe, deixe que ele faça o nosso café.

O cheiro do café me animou a levantar, saí atrás da minha mãe, fomos até a cozinha. Francisco colocou as xícaras.

— Eu falei alto: e a minha?

Pedro, que acabava de se arrumar, gritou lá do quarto:

— Alguém me chamou?

— Só se foi do além! – brincou Francisco.

Pedro sentou-se à mesa e comentou:

— Ainda bem que hoje é sexta-feira, vou ao Centro, ando ouvindo vozes e vendo vultos! Não estou gostando disso.

— Mãe, lá pelas dezoito horas eu venho só tomar um banho, trocar de roupa e nós vamos ao Centro, tudo bem?
Ela respondeu sem muita convicção:
— Tudo bem.
Mara me chamava no portão aos gritos:
— Vamos, Simone!
Passamos por uma senhora com um bebê de seus oito meses no colo, uma criança linda, sorri para ela. A criança agarrou-se ao pescoço da mãe gritando. A mãe ficou assustada, olhou se algum inseto havia picado o bebê.
— Mara, como está a minha aparência?
— Bem, para ser franca, você precisa receber umas energias boas e de pessoas jovens, está começando a aparecer manchas em todo o seu corpo, isso é um sinal que as coisas não estão bem.
Faça como eu! Suguei toda energia da sirigaita, hoje ela está de cama. Primeiro deixei o estômago dela em frangalhos, depois dor de cabeça, e saí deixando ela com febre. Eu estou ótima, gostou do meu novo visual? É assim que você deve proceder para sobreviver – acrescentou.
Ela estava vestida com um suéter azul claro e uma calça jeans bem justa, calçava botas de couro e estava toda maquiada.
O irmão da Cybele já havia descoberto o romance dela, agora estava indo a uma delegacia de polícia registrar queixa contra Felipe.
Tudo estava dando certo.
Entrei em casa devagar, ouvi minha tia Alzira falando para minha mãe:
— Ore pela sua filha, envie a ela pensamentos de amor, não envie sentimentos de dor e sofrimento. Ame sua filha, sinta saudades, sim, mas não fique chamando por ela. Eu aconselho você a falar com o nosso instrutor espiritual, ele

pode te orientar melhor. Você não vai levar um casaco? Pode esfriar na volta – aconselhou tia Alzira.

— Tem razão, vou ao quarto pegar um!

Corri por fora e entrei no quarto antes dela, soprei de longe:

— Mãe, estou aqui! Ela olhou para os lados e ficou toda arrepiada.

— Simone? – chamou-me em pensamento.

— Estou aqui, mãe, fique comigo, não me deixe só.

Ela pegou uma blusa e antes de sair do quarto me respondeu mentalmente:

— Fique aí me esperando, volto já.

Pedro e tia Alzira já estavam de pé, esperando por ela, aí eu sugeri:

— Coloque a mão na barriga, você está com dor! – gritei.

Ela chegou na sala com as duas mãos sobre o ventre:

— Alzira, Pedro, aquele remédio mexeu com o meu intestino! Estou com cólicas. Vocês vão e rezem por mim, vou fazer um chá de cidreira, é melhor não sair de casa.

Pedro protestou, alegando que ficaria também, não iria deixá-la sozinha. Ele chamou um táxi e colocou tia Alzira, prometendo ir buscá-la no fim dos trabalhos.

Sérgio apareceu sorrindo e me elogiou:

— Estou gostando do seu trabalho, é assim que deve proceder. Hoje você puxou duas ovelhas do campo verde, vá curtir sua mãe! Ah! O trabalho de vocês em relação ao Felipe está beleza!

Mulher é mulher! Você e Mara saíram-se como duas verdadeiras peritas no assunto. Daqui a três dias Felipão estará na rua, em pouco tempo, entre nós!

Tchau, Simone! Desapareceu antes que eu pudesse falar nada.

Um Novo Despertar 163

Obsessão

A cada dia eu sugestionava mais minha mãe. Fiz com que ela não desse tanta atenção aos meus irmãos como eles estavam acostumados. Dizia para mim mesma: "eu não tive o seu amor, agora quero só para mim."

Ela deixou de ir ao Centro Espírita e aos poucos convenceu o meu irmão caçula, que era um freqüentador assíduo, a não ir também.

Fiz com que minha mãe se afastasse da tia Alzira.

Um dia encontrei Sílvia por acaso, estava acompanhando minha mãe no shopping. Ela estava completamente diferente, engordou, parecia outra pessoa. Notei várias cicatrizes em seus braços e no rosto também, logo entendi que foi o maldito incêndio.

Ela convidou minha mãe para ir com ela numa tal igreja, arrastei minha mãe, e prometi a mim mesma que não queria mais ver a Sílvia.

Passou-se mais de um ano, eu e a Mara já tínhamos feito muito estrago na vida de muitas pessoas. Aprendi a beber e a fumar, passava toda minha ira para cima de minha mãe, que deu para brigar e ofender meus irmãos, não queria saber da netinha que nasceu. Meus irmãos choravam, não podiam compreender como uma pessoa podia mudar de uma hora para outra.

Mara, satisfeita, me contava toda orgulhosa que havia separado o marido da sirigaita, como ela a chamava. Ele agora pertencia apenas a ela.

Fiquei sabendo da morte de tia Alzira. Deu-me um aperto no coração, ela foi tão boa comigo, por certo iria se encontrar com o monge Uziel e ficar sabendo que eu despenquei.

O Sérgio me chamou um dia e propôs:

— Vou te levar para ver o seu querido Marcos, quer ir?

— Eu vim até aqui por ele! Não pedi isso antes, porque tive medo de ser mal compreendida.

— Amanhã eu vou te levar lá – ele confirmou.

Entramos num condomínio fechado, fomos até uma quadra, alguns garotos jogavam bola. Sérgio me disse maldosamente:

— Olha no meio desses garotos e repare se tem algum parecido com o Marcos.

Olhei todos os rostos, nada parecido, nenhum deles me lembrava o Marcos. De repente um garoto loiro de olhos verdes, sorriso bonito, me acenou, os outros caíram em cima dele rindo.

— Sempre galante – zombou Sérgio. Olhei para o meu lado, havia uma menina linda olhando para ele.

— Aquele garoto é o Marcos.

Meu coração disparou, encontrei o amor da minha vida, iria lutar por ele até o fim.

— Agora que já sabe quem é ele, e onde encontrá-lo, tudo vai depender de você estar pertinho dele. Se fizer o seu trabalho certinho, terá tudo o que quiser do Cláudio e de mim! – ele prometeu.

— Senhor Sérgio, eu tenho procurado fazer tudo o que vocês me pedem, estou falhando em alguma coisa?

— Não, absolutamente não! Depois que você criou juízo, tem nos ajudado muito. Vamos embora que o Cláudio está nos esperando, tem um novo serviço para você e a Mara. Vocês duas merecem o título de rainhas das separações! Aquele casal que o Cláudio tinha aceitado fazer o serviço parecia que ia dar mais trabalho, vocês foram lá e em pouco tempo fizeram os dois irem cada um para seu lado!

Um dia, enquanto esperávamos por um rapaz do qual estávamos incumbidas de certo trabalho, comentei com a Mara o seguinte:

— Você já pensou que, quando seu marido e filhas, minha mãe e o Marcos desencarnarem nós poderemos perder o contato com eles? O que será de nossas vidas, você já pensou Mara?

— Já, já pensei nisto, sim. Quando este dia chegar, decidirei o que fazer de minha vida, enquanto isto não acontecer, vamos procurar viver bem por aqui, e aproveitar tudo o que tivermos direito. Eu tenho vivido muitíssimo bem, e você?

— Não tenho do que me queixar, tenho acompanhado o Marcos, ele é lindo! E estou vivendo com a minha mãe muito bem.

Procurava não pensar mais na colônia, sugava das pessoas as energias das quais precisava para me manter. Não volitava mais, nem sonhava, sentia-me uma pessoa igual aos encarnados, só não podia ser vista e com uma vantagem: não era cobrada do que eu fazia uso!

Eu passei a ajudar o Marcos a ganhar os jogos, ser o primeiro nas provas, empurrava qualquer pessoa que atravessasse no caminho dele. Ele se tornou um garoto orgulhoso e perverso, foi assim que eu ouvi as professoras dele comentando um dia entre elas. Pensei comigo: Inveja pura!

Marcos estava um rapaz alto, bonito e muito vaidoso. As garotas davam em cima dele, eu não permitia que ele se interessasse por nenhuma delas. Sugava uma por uma. Ele era meu e de mais ninguém!

Minha mãe estava doente, quase não andava mais, só andava com o auxílio de uma bengala. Eu a animava para andar até o jardim e ir tomar sol. Quando ela tossia, eu levantava a cabeça dela. Tinha muito cuidado com minha mãe, não permitia que ninguém a maltratasse, queria a sua atenção só para mim. Ela passava o dia conversando comigo em voz alta, as pessoas entreolhavam-se pensando que ela estava louca.

Fiquei uns dias fora, estava acompanhando o Marcos que se preparava para entrar na faculdade de medicina. Mara me chamou dizendo que era uma emergência.

Minha mãe sofreu um derrame, por mais que eu tentasse reanimá-la ela não voltava. Soprava em seu ouvido o meu nome, ela não dava sinal de vida. Fiquei desesperada, minha mãe estava morrendo, partiria para onde? Seria outra separação e só Deus saberia se iríamos nos ver outra vez. Fiquei muito mal. Desde a minha chegada em terra nunca tinha tido febre, agora estava ali sem forças para me levantar e ardendo em febre. Mara entrou no quarto do hospital acompanhada pelo Sérgio; ele me apanhou nos braços e levaram-me até uma casa desconhecida.

Mara trouxe duas moças para olharem a casa que estava à venda, ela começou a sugar uma delas e jogar em cima de mim algo que me deu forças para abrir os olhos. A moça que foi sugada sentiu-se mal, não caiu no chão, porque se sentou na cama.

Senti-me melhor. Sérgio tocou no meu braço e ordenou:

— Você vai ficar com a Mara, não pode mais voltar ao hospital.

— Mas Sérgio! Minha mãe está lá internada! – gritei.
— Eu lhe trago notícias, hoje você vai ficar aqui. Mara, cuide dela!
— Pode ir tranqüilo, Sérgio, eu prometo que ela não sairá daqui sem mim – frisou Mara.

No outro dia, Sérgio entrou e me disse sério:
— Simone, sua mãe morreu! Nada pudemos fazer. Fiquei de longe observando o desenlace do corpo; um monge e uma moça alta, loira e muito bonita levaram sua mãe. Pela aparência dos tais, ela deve ter ido para uma das lindas colônias espalhadas por aí, igual a que você deixou!

Agora, minha cara, você tem outro objetivo na Terra, lutar para não deixar o seu Marcos voltar para aquela colônia onde ele pensa encontrá-la. Trate de trabalhar, a fim de tê-lo conosco, assim ficarão juntos para sempre.

Fiquei imaginando e revendo o rosto sereno do monge Uziel, o marido de minha mãe, a beleza angelical de Camila. Então ela veio buscar minha mãe! Que pena não poder ter visto os dois.

O Sérgio continuou a falar:
— Pelo menos você sabe para onde foi sua mãe! Acho que isso é um consolo, eu nunca tive notícias da minha – ele confessou.

— Eu não quero voltar para aquela casa – pedi ao Sérgio.

— Tudo bem! Agora vai ficar hospedada na casa do Marcos! Sem deixar de cumprir suas obrigações, certo?

Passei a acompanhar e a sugerir ao Marcos muitas coisas; ele se destacou como médico, mas eu não permitia nenhuma ligação amorosa com mulher nenhuma. Toda mulher que ele levava para cama era somente para me emprestar suas energias sexuais. Nenhum sentimento ficava daqueles encontros, ele não se encontrava em ninguém. Sua vida era trabalho e estudo, era considerado um homem frio e calculista pelos demais colegas.

Maria Eugênia, uma linda moça inteligente e de boa família, apaixonou-se por ele, eu passei a odiá-la; comentava com a Mara sobre a presença dela em nossas vidas. A Mara até me ajudou muitas vezes a tirá-la do lado do Marcos, ela era insistente e freqüentava um Centro Espírita. Não dava para chegar perto dela.

Numa noite quente, Marcos saiu para uma reunião com outros médicos, no meio deles estava Maria Eugênia acompanhando o pai. Tentei me aproximar dela. Ela sentou-se ao lado do Marcos e o cobria com uma luz azulada, eu não conseguia contatá-lo.

Chamei por Mara, ela veio correndo, nós duas não conseguíamos desviar o Marcos de Maria Eugênia que, aos poucos, despertava nele sentimentos que me faziam odiá-la.

Os dois saíram de mãos dadas, beijaram-se e ouvi nitidamente, quando ele lhe disse:

— Eu estive cego todo esse tempo, como não percebi quanto amo você? Prometo que vou recompensá-la por esse tempo todo que a fiz sofrer. Se você aceitar, o meu pedido quero fazer neste fim de semana, e não vejo motivos para adiarmos nosso casamento! Amo você, quero-a perto de mim.

— Por favor, Mara, chame o Sérgio para nos ajudar! – eu gritava entre lágrimas. Meu corpo parecia encolher, notei manchas escuras nos meus braços, senti náuseas.

Sérgio chegou e observou de longe. Puxando Mara pelo braço convidou-nos:

— Vamos sair daqui, esta moça tem uma proteção muito grande com ela; do mesmo jeito que nós transferimos energias uns para os outros, ela também transmite aos outros a energia dos seres da "Luz Maior".

No momento nós não podemos fazer nada! O melhor

que temos a fazer é cair fora, antes de sofrermos um ataque da patrulha que sempre ronda por aqui.

Fui levada pelos dois, sentia-me arrasada, destruída, aquela Maria Eugênia haveria de me pagar caro. Ela não ia se casar com o meu Marcos, não ia mesmo! Eu não havia deixado tudo para trás para perder o que mais amava em minha vida.

Nos dias seguintes, eu, Mara e até mesmo Sérgio e o Cláudio tentamos interferir entre os dois, mas não conseguíamos chegar perto de nenhum deles.

Mesmo longe de Marcos, ela o cercava de luz. Ele passou a freqüentar o tal Centro Espírita junto com ela, as coisas se tornavam difíceis. Marcos era uma obsessão na minha vida. Larguei tudo por ele, e agora estava ali perdendo mais uma vez. Pouco me importava o que pudesse me acontecer, queria Marcos de qualquer jeito.

Fiz alguns tratados com outros seres bem mais perversos que o Sérgio, nada consegui, a não ser punição em cima de punição do Sérgio e do Cláudio.

De longe assisti ao casamento de Marcos com Maria Eugênia. Mara me animava, comentando:

— Quem sabe se hoje eles bebem e nós aproveitamos a oportunidade? Seguimos o casal, que iria embarcar de avião para outro país. Estávamos no aeroporto, cercando-os de longe.

Maria Eugênia fez uma prece e esta oração bloqueou a nossa caminhada. Ficamos como presas em terra, não volitávamos mais, caí em desespero, vendo os dois se encaminharem para o avião. Perdemos o contato com eles.

Quase um mês depois eles chegaram de volta. Eu estava num estado deplorável, meus cabelos, sujos e embaraçados, minha roupas, sujas e rasgadas, manchas e coceiras no corpo todo, não tinha mais forças para sugar ninguém, só me alimentava dos restos da Mara. O Sérgio não me dava mais nenhum trabalho com pessoas importantes, só me mandava para os botecos.

Só avistava o Marcos de longe; quanto mais minha raiva crescia, mais eu ficava fraca. Vi a Maria Eugênia com um barrigão imenso, Marcos acariciando seu ventre. Avancei em direção aos dois, fui jogada para trás com uma violência tão grande, que perdi as poucas forças que ainda me restavam.

O Sérgio me despediu do grupo, pois não precisava mais de mim. Avisou-me que eu poderia incorporar-me a outra organização, que, com eles, não daria mais certo. Enquanto eu implorava para que ele me desse amparo, ele ria com cinismo, dizendo que eu nem prestava no céu, nem no inferno, e nem em qualquer outro lugar.

Mara não podia mais me dar abrigo ou iria se arruinar também. Ela me disse num dia em que me viu caída na rua:

— Eu não posso mais te ajudar, Sérgio me proibiu de falar com você. Tanto que te pedi para não trair o Sérgio, você foi se envolver com aquele povo inimigo dele, veja o que deu! Está sozinha e eu não posso me prejudicar por você. Veja se eles te aceitam, eu nada mais posso fazer, o Sérgio me ameaçou, caso lhe dê abrigo.

Não fui aceita em nenhuma organização, o meu estado era péssimo. Passei a andar pelas ruas mendigando, bebia e comia o que colhia pelo chão, meu corpo virou uma ferida só. Um cheiro horrível se desprendia de mim.

Ainda tentei várias vezes me aproximar da Mara e dos outros; o Sérgio e o Cláudio mandavam me expulsar de perto deles. Ninguém mais queria saber de mim. Fui atrás dos meus irmãos, eles tinham retornado ao Centro Espírita e em volta deles havia um cinturão de luz.

Fiquei de longe olhando para eles, pareciam felizes, estavam casados, tinham suas esposas e filhos lindos e saudáveis. Não me restou mais ninguém em terra que pudesse me ajudar.

Lembrava-me da minha mãe...
Certamente estava bem em alguma colônia de luz, talvez estivesse ao lado do meu pai e quem sabe esquecida até de mim. Eu é que fui tola em ter largado tudo, acreditando que estaria em segurança na Terra.
Fui perdendo a noção do tempo, fui ficando cega e surda, quase não enxergava mais nada. Não podia mais caminhar, só conseguia me arrastar.
Muitas e muitas vezes era chutada por outros espíritos sujos e bêbados.
Fui arrastada para dentro de um túnel escuro, ali fiquei sozinha e abandonada. Estava queimando em febre, a minha boca, seca, meu corpo, em chagas, doía muito.
Comecei a me lembrar do rosto e do carinho de tia Alzira, de pai José, da minha mãe, da minha amiga Thaís, de Camila, de meus pais adotivos, seu Carlos, o monge Uziel.
Comecei a rememorar um rosto lindo de um jovem, sorrindo para mim...
Lembrei-me da colônia, das estrelas, do poema que Marcos escreveu para mim, da minha alegria em mudar-me para a cidade grande, do incêndio...
Foi naquele incêndio que desencarnei, fisicamente eu estava morta, embora a dor maior eu estivesse sentindo naquele momento.
Recordei-me de minha fuga para a Terra, de todo o mal que ajudei a fazer contra pessoas inocentes.
Relembrando-me das mensagens do pai José, comecei a rezar em voz alta. Tive forças para falar em Deus e implorar perdão.
— Oh! Senhor! Perdão pelos meus pecados! Tenha misericórdia de mim, mestre José!
Monge Uziel, tenha pena de mim. Camila? Tia Alzira, ajude-me, tia. Mãe! Eu estou aqui, peça a Deus por mim.

Marcos? Onde você está? Perdoe-me, Marcos! Perdoe-me, Marcos.

Não sei quanto tempo fiquei ali, entre a consciência e a inconsciência; às vezes tinha a impressão de que estava tendo um pesadelo, outras vezes, caía na real. Já não sentia mais o meu corpo, apenas o meu subconsciente funcionava.

Neste estado, vi duas mãos suspendendo-me do chão. Não pude enxergar os rostos, mas vi dois enfermeiros colocando-me numa maca. Ouvi uma voz que me parecia muito familiar pedindo:

— Por favor, cuidado com ela, está muito debilitada.

— Fique tranqüila, doutora Camila, nós vamos cuidar bem dela.

As vozes pareciam vir de tão longe, aquele nome soava tão bonito...

Quem era Camila? E quem seria eu?

Não me lembrava de mim mesma, nem do que estava fazendo ali.

Recuperando a consciência

Abri e fechei os olhos devagar, uma sensação de paz invadia meu coração. Ouvi uma música suave que me fazia lembrar algo bom; senti-me amada e protegida.

Aquele quarto não me era desconhecido, a cortina estava entreaberta e pude ver os primeiros raios do sol penetrando lá dentro, o céu azul e um perfume de flores saudavam o despertar.

Onde eu estava? Quem era eu?

Enquanto tentava me lembrar de mim mesma, vi entrando uma moça alta, loira e muito bonita, mais parecia um anjo que gente. Aproximou-se de mim e rindo falou:

— Bom dia, Simone!

Então eu me chamava Simone!?

E onde será que eu estava? Minha cabeça ainda doía um pouco.

— Eu me chamo Camila – apressou-se ela em se apresentar. — Estou aqui para ajudá-la! Sente-se bem? Quer um pouco de água?

— Aceito, obrigada, doutora.

Bebendo um pouco da água que tinha um sabor agradável, perguntei:

— Doutora, eu não me lembro de onde vim, e nem quem sou, ou o que estou fazendo aqui.

— Bem, Simone, você é uma pessoa muita querida, todos nós aqui desejamos que você se recupere o mais rápido possível. Chegou aqui bem doentinha! Mas olhe só que fortaleza é você! Recuperar-se de um acidente é sempre doloroso, mas Deus nos dá forças e vencemos sempre! Olhe só para você! Você foi socorrida pela equipe do doutor José, já faz algum tempo.

— Aqui é um hospital? – indaguei, olhando para o quarto aconchegante.

— É uma espécie de casa de repouso, para os doentes convalescentes se restabelecerem com tranquilidade. Temos toda estrutura de um moderno hospital, equipes especializadas, laboratórios, etc.

— A senhora é minha médica?

— Sou uma entre vários, você tem outro médico além de mim, é o doutor Marcos, ele é muito competente e fez muito progresso no seu caso.

Tentava raciocinar como cheguei ali, o que havia acontecido, de onde teria vindo, mas a minha cabeça parecia estar vazia, embora eu me sentisse muito bem.

— Hoje é dia de visita, há muita gente aí fora fazendo fila, querendo vê-la – avisou sorrindo a doutora Camila. —Viu como é bom ser importante? – acrescentou.

— Eu sou importante?

— Claro! Você é muito importante para Deus e para nós. Vamos lá, você vai se arrumar e ficar bonita para receber as pessoas que a amam?

— Assenti com a cabeça, ainda estava embaraçada e não me lembrava de nada.

Ela me ajudou a levantar, fui ao toalete, tomei um banho, que me deixou leve e muito relaxada. Vesti uma roupa leve e confortável, penteei os cabelos, e olhei-me no espelho. Era como se estivesse olhando para alguém que nunca tinha visto antes.

— Você está linda, Simone! Sente-se aqui nesta poltrona, que eu vou pedir para as visitas entrarem – anunciou a doutora.

— Posso fazer uma pergunta para a senhora, doutora Camila?

— Primeiro de tudo, Simone, você deve parar com essa estória de doutora e de senhora! Pode fazer todas as perguntas que desejar.

— Estas pessoas que estão aí fora, elas me conhecem?

— Naturalmente que sim. Você vai recebê-los e, se não se lembrar deles, não se preocupe, a nossa memória é um cofre fechado, na hora que abrimos encontramos muitas coisas que precisamos lembrar. O tempo é o nosso maior amigo, ele vai se encarregar de cuidar disso para você.

A porta se abriu, as pessoas começaram a entrar. Uma senhora bondosa e muito simpática se apresentou como Alzira, entrou me abraçando, com lágrimas nos olhos.

— Oh! filha, como eu estou feliz em poder vê-la assim, tão bem! Ao lado dela outra senhora, com os olhos marejados, me abraçou em silêncio. Dona Alzira me disse que foram cunhadas em terra.

Um monge vestido em sua linda indumentária me olhava, bondosamente tomou minhas mãos e beijou-as. Dona Alzira, que fazia as apresentações, disse-me que o monge era seu irmão.

Entrou um casal simpático: a mulher, com um ramalhete de rosas nas mãos, o senhor sorridente, com uma cesta cheia maçãs vermelhas e suculentas. Ele adiantou:

— Colhi da macieira perto de uma cachoeira maravilhosa, eu sou Manoel, e estou muito feliz em vê-la.

Uma moça de nome Thaís alisava o meu cabelo e falava:

— Ó Simone, que bom tê-la conosco! Seja bem-vinda, minha irmã, como Deus é maravilhoso! Senti tanto a sua falta...

Um senhor de nome Carlos apertava as minhas mãos, estava emocionado, chorava. Orou a Deus em agradecimento e ouvi quando ele pedia:

— Ó Senhor, assim como nos trouxe esta ovelha, ajudai-nos a encontrar Mara.

Outras pessoas foram falando seus nomes, com algumas eu tive a impressão de que já havia estado, por exemplo, dona Alzira, a cunhada, o monge, seu Carlos e aquele casal simpático.

Neste ínterim, entrou um médico. Corei quando ele me olhou nos olhos. Aproximando-se de mim, perguntou-me:

— Como está se sentindo esta moça bonita?

Fiquei sem fala. A voz não saiu.

Aquele rosto não me era desconhecido, só não me recordava de onde eu o conhecia; meu coração disparou, foi uma sensação forte.

— Você não imagina, Simone, como fico feliz em vê-la assim – disse ele, apertando as minhas mãos.

Foi quando Camila esclareceu:

— Simone, esse é o doutor Marcos, de quem lhe falei há pouco.

— Obrigada, doutor Marcos – eu agradeci, encabulada.

— Camila, o que você acha da Simone deixar este quarto e ficar com você em seu apartamento?

Nas boas condições em que ela se encontra, acho que é a melhor coisa! Para ela e para mim, é claro! – sorriu o doutor e continuou:

— Vejo que todos querem felicitar a Simone, fiquem à vontade, passei aqui para ver se estava tudo bem com ela.

Nós nos falaremos depois, Camila – avisou o doutor, saindo do quarto.
Eu ainda podia sentir o calor de suas mãos entre as minhas.
Aos poucos as pessoas foram se despedindo, todos prometendo voltar.
Ficamos apenas eu e a Camila, ela me disse animada:
— Daqui a pouco vamos sair, você ouviu que o doutor Marcos sugeriu alta para você?
Pegando-me pela mão, Camila levou-me até a janela.
— Venha até aqui, Simone, e olhe lá embaixo!
Havia um jardim em formato de estrelas coloridas, ele se movimentava, eu achei que já havia lido alguma coisa assim, não conseguia me recordar direito...
Descemos até o salão principal, havia muitos jovens que falavam de assuntos variados. O doutor Marcos estava entre eles, assim que nos viu, pediu licença e aproximou-se de nós.
Abraçou e beijou Camila no rosto, fiquei sem jeito, todos os rapazes olhavam para Camila com respeito e admiração. De fato ela era linda e havia algo nela que era especial, senti uma ponta de ciúmes.
Marcos me apresentou ao pessoal, um médico de cabelos grisalhos apertou minha mão.
— Bem-vinda, Simone, enfim conosco!
— Doutor Gaspar, amanhã Simone vai ao seu laboratório fazer os últimos exames, só para ficarmos tranqüilos – adiantou doutor Marcos.
— Ótimo, estarei esperando.
— Ah, Camila, estou precisando de uma assistente. Luiza foi transferida para ocupar o seu lugar e, pelo visto, você vai ter muito que fazer por aqui. Prepare uma assistente para me ajudar, que tal ir pensando em preparar a Simone? – sugeriu o doutor Gaspar.

Fomos até o jardim, era maravilhoso. Sentamos num banco, de repente parecia estar no céu no meio das estrelas coloridas. O jardim girava, girava entre as estrelas... Fixei os olhos em cada uma delas. Aos poucos fui me lembrando de quem era, de onde vim, e, chorando de emoção, agradeci a Deus pela grande oportunidade que Ele estava me dando outra vez. Recobrei minhas forças e compreendi que Deus dá muitas chances a todos nós, somos nós que às vezes jogamos estas chances para o alto, principalmente quando não queremos enxergar as nossas próprias verdades.

Sabia também que foi o amor de todas aquelas almas iluminadas que me trouxe a vida de volta. Ajudada por meus familiares e amigos, identificando todos eles, passei a recobrar a memória e minha consciência espiritual aflorava a cada dia.

Voltei a estudar e de fato tornei-me assistente do doutor Gaspar. Aos poucos fui readquirindo o que havia construído de bom em minha trajetória espiritual. Os meus tombos foram muitos, mas com ajuda dos meus familiares e amigos consegui chegar no final da minha longa jornada. Desliguei-me das minhas obsessões, referentes às da matéria. Readquiri minhas forças, compreendi a importância de minha própria existência, entendi por que Deus é amor!

Como voluntária da colônia, recebia folgas como bônus espirituais. Ao lado do Marcos, comecei a fazer maratonas pelas colônias onde moravam amigos e familiares. Todos eles contribuíram comigo, foi graças a eles que me levantei outra vez no mundo da luz.

À noite, sentados no jardim das estrelas coloridas, fazíamos as contas desde a minha chegada na colônia. Já se havia passado muitos anos.

Construímos muitas coisas, resgatamos familiares, amparávamos outros que desceram em missões, só tínhamos motivos para agradecer a Deus.

Entre tantas vitórias conquistadas estavam a Mara, o Sérgio, o Cláudio e outros irmãos que haviam despencado junto comigo. Alguns se preparavam para retornar à Terra, havia muitas coisas ainda para serem reajustadas, mas todos estavam animados.

Eu, consciente e reajustada comigo mesma, assumi as tarefas espirituais iniciadas por eles. Eu iria ficar nas esferas de resgates até a volta deles.

Esperaria pelo retorno do Marcos, pois suas visitas espirituais eram nas horas em que seu corpo físico descansava. Ele ainda estava preso ao corpo físico em terra, embora trabalhasse nas esferas espirituais praticamente todos os dias.

Estaria aguardando por Mara, que foi com o propósito de voltar em breve; se ela conseguisse terminar suas tarefas terrenas, voltaria direto para a nossa base.

Continuava recebendo o apoio dos nossos familiares e amigos. Estávamos confiantes. Marcos pedia que eu me comunicasse com ele através da nossa estrela. Na sua volta, se tudo corresse bem, ficaríamos juntos para sempre, trabalhando como voluntários, fazendo o intercâmbio entre a nossa colônia e a Terra.

Quando estamos seguros de quem somos e do que desejamos, o tempo é um consolo para a alma.

Já não conto os dias e nem as horas, apenas me alegro a cada dia, pois sei que está mais perto de alcançar todos os meus objetivos.

Até a ocasião em que fui agraciada com aquela chegada gloriosa entre a multidão recém chegada da Terra, era Mara!

Chorei como uma criança, quando avistei entre os recém

chegados a minha amiga Mara. Nós nos abraçamos e choramos juntas, desta vez o nosso choro era de alegria.

Mara de fato é minha grande amiga e companheira de trabalho. Ainda hoje, quando terminamos nossas tarefas e estamos a sós, ficamos sentadas olhando para o céu, agradecendo as bênçãos que recebemos de Deus.

Com ajuda de Marcos construí com as bênçãos de Deus um lar espiritual, onde recebemos nossos irmãos para darmos os primeiros socorros. Marcos é a força que me impulsiona para a vida. O espírito bondoso jamais perde a sua capacidade. Ele está encarnado, porém nunca se desligou da nossa colônia, é para lá que ele corre enquanto o seu corpo físico descansa.

Camila, nossa linda mãe espiritual, é um anjo que ilumina muitas esferas; meus muitos pais que me acolheram em passagens na Terra, como filha carnal, foram de suma importância na minha caminhada.

Marcos, meu eterno amor, será por todo sempre a luz que não pode se apagar em minha vida, ele é meu companheiro espiritual. Todos nós temos uma alma que nos complementa. Deus não nos fez solitários, fomos feitos para amar uns aos outros.

Muitas pessoas que vivem solitárias em terra têm seus amores esperando de braços abertos em algum lugar. Eis o porquê de lutarmos para não nos desviarmos de nossas tarefas, quanto mais cedo terminarmos o nosso trabalho, mais cedo voltaremos para casa. E como é maravilhoso voltar aos braços de quem nos ama...

Eu venci! Consegui voltar para casa e refazer a minha vida ao lado de muitas almas a quem amo.

Hoje, amparada e consciente dos meus deveres, recebo incentivo e aconselho as pessoas a terem paciência e saberem esperar pelo dia de amanhã, sem, no entanto, se preocupar em desempenhar bem o seu papel no presente.

Lutem, meus caros irmãos, pelo seu dia de hoje, mas saibam esperar pelo porvir com humildade, fé, amor e compreensão. Jamais se sintam vítima de outros irmãos, andamos exatamente pelos caminhos que escolhemos.

Tenham força e confiança, enquanto vocês estão lutando no plano carnal nós lutamos por vocês no plano espiritual. Não permitam que o medo e a ansiedade afastem vocês dos caminhos da casa do Pai.

Assim como fui agraciada com um novo amanhecer, um novo despertar, tendo recebido uma nova chance, envio uma das orações que recito sempre que amanhece, em agradecimento ao Mestre por Ele nos permitir tantas maravilhas.

Orem com fé, meus irmãos, Jesus está sempre nos dando um novo amanhecer, um novo despertar!

Não procurem por Deus em outros lugares a não ser, em primeiro lugar, dentro de vocês!

ORAÇÃO DO AMANHECER "BOM DIA, JESUS!".

Bom Dia, Jesus!
Obrigado, Senhor, pelo meu despertar ao canto dos pássaros;
Aqueles que estão nascendo com esse dia, eu os louvo em Teu Nome;
Obrigado, Senhor, pelo perfume das rosas, pelo desabrochar da vida que está nascendo com esse dia, eu os louvo em Teu Nome;
Obrigado, Senhor, pela aurora que clareia os mares e as montanhas, pelos raios que iluminam os navegadores e os pastores. Eu agradeço, Senhor, em nome dos meus irmãos que continuam adormecidos, neste dia que amanhece;

Obrigado, Senhor, pelo teto que me protege, pelo leito em que me encontro e pela certeza de não estar só neste dia que amanhece;
Obrigado, Senhor, porque hoje eu posso sorrir ou chorar em Tua companhia;
Obrigado, Senhor, por me lembrar dos meus sonhos e deveres neste dia que amanhece;
Obrigado, Senhor, por fazer morada em meu coração e se dizer Inquilino da minha alma;
Obrigado, Senhor, pelas bênçãos que recebi, tantas mãos que se unem, abençoando este novo amanhecer;
Obrigado, Mestre, pelas lições que recebi neste amanhecer. Louvo Deus em Teu Nome, louvo o amanhecer do dia, louvo a Virgem Maria, Louvo os Santos e os Anjos, Louvo a Luz dos nossos Guias;
Bendito sejas por todo sempre.
Permita-me, Senhor, louvar os primeiros raios de luz deste amanhecer, em todo amanhecer quero estar contigo.
Obrigado, Senhor, Filho de Deus Poderoso, esta alma que te agradece implora: não me deixes andar só.
BOM DIA, JESUS!
Sou muito feliz, por ser sempre o Senhor a primeira pessoa que encontro em todos os dias que amanhecem.

Caros irmãos, a minha intenção é mostrar a vocês que a morte não existe. Que todos os nossos erros acarretam prejuízos espirituais em nossas vidas, mas não nos afastam de Deus. Esse Pai Justo e Misericordioso está sempre nos oferecendo novas oportunidades.
Hoje estou ao lado dos meus familiares, pois a minha família é imensa! Abraçada com mãe Cândida e pai Manoel, faço planos para futuro.
Meus olhos espirituais melhorados, meu coração refeito,

posso respirar profundamente a essência do amor de Deus e compreender o amor dos espíritos voluntários que, como o monge Uziel e minha mãe terrena, deixaram seus tranqüilos lares espirituais para ajudar outros filhos de Deus em terra. Olho para a estrela que se levanta na imensidão do céu, fecho os olhos e envio uma oração ao meu amado, que está lutando para salvar outros irmão em terra.

Pai Manoel acrescenta aos meus pensamentos: doutor Marcos hoje fez uma cirurgia inédita, muitos médicos da nossa colônia foram deslocados até lá. Continue orando, vamos ficar esperando por ele aqui mesmo, está tão gostoso esse cheiro de flores! A noite está muito bonita, olhe a lua cheia, que beleza!

Sim, senhor, vamos esperar pelo Marcos aqui, ele não deve tardar para chegar, olhem como a estrela está piscando! Ele está vindo.

Em poucos instantes, Marcos surgiu em seu corpo espiritual, cumprimentando meus pais e beijando-me a fronte. Ele nos contou a dura batalha que travou para salvar uma garotinha de um acidente provocado pela irresponsabilidade de um motorista bêbado.

Meus pais pediram licença e afastaram-se, deixando-nos a sós; eu falei do meu trabalho, ele falou sobre o seu dia. Passei algumas orientações espirituais sobre alguns assuntos que ele e Maria Eugênia precisavam expor como instrução aos médiuns que estudavam a doutrina.

Já era tarde, Marcos se levantou e disse-me:

— Tenho que ir, Simone, daqui a pouco é hora da Maria Eugênia também retornar. É bom chegar antes e esperar por ela.

Nós nos despedimos alegremente, ele voltou para seu corpo físico, eu voltei para minha casa espiritual. Meus pais me aguardavam sentados na cozinha, tomando chá. Minha mãe, olhando para meu pai, comentou: — Esses dois não se desgrudam, parecem até eu e você!

Meu pai, oferecendo-me uma xícara de chá, brincou:

— Minha filha puxou a mim, é romântica...

Gargalhamos juntos, fomos descansar, pois um novo amanhecer viria para todos nós.

Leia também do espírito Helena e psicografia de Maria Nazareth Dória

Amor e Ambição

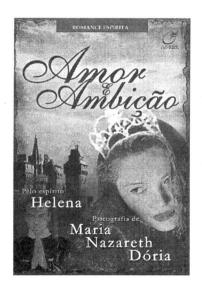

Loretta era uma jovem nascida e criada na corte de um grande reino europeu entre os séculos XVII e XVIII. Determinada e romântica, desde a adolescência guardava um forte sentimento em seu coração: a paixão por seu primo Raul. Um detalhe apenas os separava: Raul era padre, convicto em sua vocação. Sem esperanças de conquistar o coração de Raul, Loretta perde irremediavelmente o seu grande amor para a Igreja. Começa aí a sua saga: inconformada com seu destino, jura vingança, não medindo esforços para isso. Entre novos amores e desencantos, o tempo vai passando, e Loretta se apaixona pelo rei Henrique em uma das festas da realeza. O relacionamento de ambos se inicia, e seu sentimento é correspondido...
Loretta, então, torna-se rainha de um império rico e próspero, amada pelo povo, poderosa e enérgica. Mas a Lei de Ação e Reação é implacável e se fará presente ainda nesta vida. As conseqüências de seus atos repercutirão até no Brasil-colônia, onde o fazendeiro Arquimedes, um grande exportador de cacau, trará fatos novos escondidos em um passado de amor e ambição. Loretta ficará diante de seus próprios erros... Como tentar obter o perdão de tantos a quem prejudicou?

> 320 páginas de emoção!
> Um romance histórico com a ternura do espírito Helena!

Leia estes romances de sucesso psicografados pela médium Vera Lúcia Marinzeck!

Amai os Inimigos (espírito Antônio Carlos)
Noel, empresário bem-sucedido, é traído pela esposa. Na espiritualidade, recepcionado pelo próprio filho Gabriel, passa a entender o enredo de sua vida e as conseqüências da lei de causa e efeito

Em Missão de Socorro (espíritos Guilherme, Leonor e José)
Três abnegados socorristas contam suas experiências em missões de resgate no Umbral, trabalho que exige muito amor e dedicação.

Véu do Passado (espírito Antônio Carlos)
Kim, garoto conhecido como "o menino das adivinhações", nasceu com a vidência aflorada e sempre vê a cena de sua própria morte. Na espiritualidade, vai compreender a origem de seu dom.

Escravo Bernardino (espírito Antônio Carlos)
História que retrata, com fidelidade, o período da escravidão no Brasil, contada pelos personagens que viveram na carne esse doloroso momento. Um romance emocionante!

O Rochedo dos Amantes (espírito Antônio Carlos)
Uma estranha história de amor acontece num lugar de nome singular: Rochedo dos Amantes. Intrigas, mistérios e disputas entre grupos de desencarnados estão presentes nesta obra.

Rosana, a Terceira Vítima Fatal (espírito Antônio Carlos)
Suspense, morte e o reencontro de Rosana e Rafael, na espiritualidade, depois de uma série de crimes misteriosos ocorridos em uma pequena cidade do interior.

O Pedacinho do Céu Azul (espírito Rosângela)
Livro que fala das brincadeiras, pensamentos e sonhos da garota Líliam, uma menina cega cujo maior desejo era conhecer o azul do céu infinito.

Leia os romances de Schellida! Emoção e ensinamento!
Psicografia de Eliana Machado Coelho

O Direito de Ser Feliz

Fernando e Regina apaixonam-se. Ele, de família rica, bem posicionada. Ela, de classe média, jovem sensível e espírita. Mas o destino começa a pregar suas peças. Movido pela ambição material, Fernando decide ir trabalhar na França, caindo na rede sedutora de Lorena, uma prima que mora em Paris. Regina fica só. O tempo passa, e eles se separam definitivamente. Fernando fica com Lorena, Regina se casa com Jorge. Novos fatos vêm abalar a vida de todos os personagens desta envolvente história... Por quais caminhos devemos seguir para não cair nas armadilhas da própria invigilância, da imprudência, da traição e das amarras dos vícios que levam à autodestruição? Como encarar a solidão, sobretudo quando perdemos aqueles a quem mais amamos, e tendo ainda de enfrentar a dura realidade do câncer?

Sem Regras para Amar

Gilda é uma mulher rica, casada com o empresário Adalberto, mãe de Lara, Eduardo e Érika. Arrogante, prepotente e orgulhosa, ela sempre consegue o que quer graças ao poder da sua posição social. Mas a vida dá muitas voltas. Os problemas de Gilda começam quando Lara morre em um acidente automobilístico. Aumentam quando a filha Érika apaixona-se por João Carlos, professor em uma academia de musculação e... negro. Crescem ainda mais quando Eduardo envolve-se com Helena, moça simples e... humilde. Então, determinada a acabar com os dois romances de seus filhos, Gilda passa a colocar em prática seus planos para atrapalhar a vida de todos, assumindo os seus preconceitos racial e social. Instala-se naquela mansão a desarmonia e a obsessão que trarão conseqüências desagradáveis para toda a família.

Venha fazer uma viagem extraordinária no tempo!

Colônia Capella – A outra face de Adão
médium Pedro de Campos
orientações do espírito Yehoshua ben Num

No século XIX, Charles Darwin utilizou a palavra *evolução* para definir um avanço progressivo da vida. Surgia a *Teoria Evolucionista*. Na mesma época, Allan Kardec demonstrava a existência de um Ser Inteligente Extrafísico, com o qual é possível comunicar-se. Estavam lançadas as bases para o surgimento da *Teoria Evolucionista Espiritual*.

Com *Colônia Capella – A outra face de Adão* você vai conhecer a eclosão da vida na Terra, os antepassados do Homem e a elaboração espiritual das Formas Humanas. Vai visualizar também as Idades do Gelo, a Era do Neandertal e as primeiras Civilizações Antigas. Por fim, vai refletir sobre os Mundos Habitados, a Capella da Auriga – origem da Raça Adâmica mencionada nas Sagradas Escrituras, e analisar os acontecimentos atuais sob a ótica do Porvir da Humanidade.

Uma obra completa! Uma contribuição inestimável para a cultura espiritual de todos nós!

Universo Profundo
Seres inteligentes e luzes no céu
(espírito Erasto)

Apesar de inúmeros estudos hoje existentes e de muitos comentários, ainda paira no ar, para o grande público, um desconhecimento geral sobre o que seja o fenômeno UFO. Para constatar esta afirmação, basta fazermos as seguintes perguntas: *Como você entende os enigmáticos avistamentos de naves espaciais e de seres extraterrestres? De onde você acredita que eles vêm? Existem mesmo? Eles estão entre nós? Se uma pessoa abduzida procurasse sua ajuda, o que você faria?*

Você já leu estas obras psicografadas por Antonio Demarchi?

A Fonte da Água da Vida

Irmão Virgílio, orientado pelo Instrutor Aurélio, acompanha o desenrolar de três personagens que resolveram dar fim à própria vida: Leonilda, moradora em um barraco numa favela de São Paulo; Ricardo, filho de um famoso cirurgião; e Dr. Norberto, empresário do setor têxtil no interior de São Paulo. Um romance com ensinamentos importantíssimos sobre o difícil tema do suicídio.

E veja estes livros também:

Além do Infinito Azul
(espírito Irmão Virgílio)

Crepúsculo de Outono
(espírito Irmão Virgílio)

Mansão dos Jovens
(espírito Irmão Virgílio)

A Vida Ensina
(espírito Irmão Virgílio)

O Homem que Vendeu sua Alma
(espírito José Florêncio)

O Sagrado Mandato
(espírito Irmão Virgílio)

O Templo da Chama Sagrada
(espírito Irmão Virgílio)